生長の家ってどんな教え？

問答有用、生長の家講習会

谷口　雅宣
Masanobu Taniguchi

生長の家

はしがき

生長の家の教えはむずかしいとの評価が一部であるようだが、本書はそんな評価を覆そうという試みである。

とは言っても、宗教というもの自体は、どうしてもわかりにくい部分を含んでいる。誰にでもわかりやすいのであれば、そもそも「修行」とか「悟り」が問題になることはないだろう。しかし、宗教にはわかりやすいところも沢山ある。だから、私は本書の中で後者の範囲を広げていき、前者の範囲をできるだけ小さくしてしまいたい。そうすれば、もっと多くの人々が宗教に抵抗なく関わってもらえると思うからだ。残念なことだが、現代の日本社会では宗教が何かウサンクサく思われる傾向が続いている。しかしその反面、寺社巡りは流行し、初詣や墓参り、イベントとしての祭は廃《すた》る兆しはない。形として、容《い》れ物として、文化財としての宗教は認められても、その元となり、中身である信仰は疑われるというのでは、いかにも不自然なだけでなく、宗教の〝形骸化〟そのものを示していると言わざるをえない。私は本書で、宗教の形式や施設のような〝外面〟ではなく、信仰という〝内面〟に焦点を合わせて描き、この内外分離の不幸な状態を少しでも改善したいと思う。

ただし、本を読むだけで宗教の内面をすべて理解することはできない。これは、初めからはっきり言っておくべきだろう。だが、信仰へと向かう〝入口〟を見つけることはできる。私は本書で、その〝入口〟をできるだけ分かりやすく示して、多くの読者に本書を契機として信仰生活に入っていただきたいと思う。私はこの〝入口〟を、立派な構えの大邸宅の門や、豪華絢爛《けんらん》とした寺院の山門として描くつもりはまったくない。宗教の〝内面〟に入る門は、〝外面〟をハデに飾っても仕方がないからである。そんなことより、生長の家の宗教としての特徴をはっきり知ってもらいたいと思う。それは、理性的信仰であるということだ。

生長の家は昭和五年（一九三〇年）の立教以来、すでに八十年を超える歴史をもつ

はしがき

が、その間一貫して〝文書による伝道〟を展開してきた。これによって信仰の道に入り、幸福生活を実現した人々は数えきれない。「文書を読む」という精神活動は、理性を必要とする。とりわけ、詩や俳句のような韻文《いんぶん》ではなく、論文形式の文章を読んでその内容を理解することは、きわめて理性的活動である。理性にとって、余計な修飾語は邪魔であり、気取った表現は煩わしい。理性を重視すれば論理の矛盾や飛躍は明らかとなり、疑問に対して答えをはぐらかせば、それも露わとなる。そういう理性の厳しさに晒《さら》されてもなお、魅力ある〝入口〟が描けるかどうかを問題にした。

その結果、選ばれた方式が、生長の家講習会での私の講話の記録と、参加者との質疑応答の記録を文書化することだった。講話はもちろん話し言葉であり、書き言葉とは多少違う。しかし、それを文字になおして推敲する過程で、講話は限りなく文書に近づくだろう。講話に対する質問に答えた記録も、それを文字にすることで講話が補強される。生長の家講習会とは、私が年三十回ほど行っている一般信徒向けの半日の講話の集いで、生長の家の信徒でない人も大勢参加する。私はその会で午前と午後に一回ずつ講話するが、そのうち午前中のものは入門的な内容だ。だから、これを文書にすれば、宗教の〝信仰への入口〟を示すものとして打ってつけの内容になるかもしれない。このように考え、平成二十四年三月に大阪城ホールで行われた生長の家講習会で私が午前に行った講話を文字化し、加筆修正したものを本書の第一部とした。それに続く本書の大部分は、ここ数年の間に日本各地で行った同講習会で出された様々な質問に対する私の回答を、内容別に分類して収録したものである。これによって、講話部分では説明が不十分だった箇所も補強されているし、扱われる主題にも幅と具体性が出てきていると思う。

私は、宗教を信仰しようとする人たちが、信仰の対象に関して「なぜ？」という疑問を抱くことは大切なことだと考える。一部の宗教の中には、「信じる者は救われる」などと言って、信仰者は理性など問題にせずに「まず信じろ」式に、一種の盲目的信仰を求めるものがある。それは、「清水《きよみず》の舞台から飛び降りる」ように、それまで当人の心中にあった様々な迷いや言い分け、執着、未練、躊躇逡巡《ちゆうちよしゆんじゆん》を断ち切って、〝本気の信仰〟に入る契機になることは確かにある。しかし、そうであっても、理性を全面的に沈黙させて何かを信じることが人間として正しい生き方であるとは、私は思わない。なぜなら、理性は神に通じる人間の重要な徳性であるからだ。

私たち現代人が普通に送る日常生活では、目に見えない存在である「神」や「仏」をあまり意識することはない。しかし、意識しないからといって、存在しないわけではない。私たちは意識しなくても、「何かがある」ことを前提としている場合が数多くある。例えば、家があること、家族がいること、お金が通用すること、電車が駅に来ること、仕事があること、蛇口をひねれば水が出ること……今日のような変化が急な時代にあっては、これらの前提の中には、必ずしもすべての人に保証されないものも一部ある。しかし、大方のものは、少なくとも日本にあっては「当たり前」の前提で、私たちは普通、いちいちそれらを考えて「確かにあるな」と確認してから自分の行動を決めるようなことはない。むしろ、家がない、家族がいない、お金が使えない、電車が来ない、仕事がない、蛇口から水が出ない……などの方が異常であり、当たり前でない。そんな事態に遭遇した時になって初めて驚き、「なぜ？」と疑問を抱くのである。

この「なぜ？」の疑問が、人間を人間にしている最大の特徴だ。私たちの中からこの疑問が出てくるのは、この世界にあるすべてのもの、すべてのことには、何らかの原因があるとの信念をもっているからだ。そして実際、家がない、家族がいない、お金が使えない、電車が来ない、仕事がない、蛇口から水が出ない……などの事態には原因が必ずある。その原因を突き止めて事態を改善すれば、家がもて、家族ができ、お金が使え、電車が来、仕事がもらえ、蛇口から水が出るだろう。もちろん、明日すぐにすべてが改善し、解決するとは限らない。しかし、問題解決の筋道を頭の中で描くことはできるだろう。これが理性の役割である。物事の因果関係を究明し、原因を改めて望ましい結果を持ち来す努力をする――このたゆまざる繰り返しと積み重ねによって、人類は今日の発展に到達しているのである。

科学も、この「なぜ？」という疑問によって発達した。この世のすべての営みは因果関係によってつながっていると考えるのは、科学的思考の基本である。これに対して、宗教は科学とは違うのだから、「なぜ？」と問うことは不要だとする考え方は、繰り返しになるが、宗教を堕落させると私は思う。そもそも「神」を考えるときには、人間はこの世の根本的原因を考えているはずだ。その意味で、私は宗教と科学との間の距離は、一般に考えられているほど大きなものではないと思う。私が宗教者でありながら、講話の中に科学的知見を多く取り入れている理由は、ここにある。「なぜ？」を多く発することで科学が発達するならば、同じことで宗教も発達するに違いないのである。

本書を〝入口〟として多くの読者が宗教への偏見を捨て、善一元の神への信仰に入ってくださることを心から念願するものである。

二〇一二年十月九日

著者識す

生長の家ってどんな教え？——問答有用、生長の家講習会

目次

はしがき

第一部　生長の家の教えの基本を語る

第二部　人々の質問に答えて

唯神実相について

万教帰一について

その他の質問に答えて

第一部

生長の家の教えの基本を語る

皆さん、ありがとうございます。(拍手)

ちょうど十一時になりましたので、私の講話を始めましょう。

大阪教区での生長の家講習会の開催は二年ぶりであります。前回の会場は、この大阪城ホール一カ所でしたが、今年は二カ所ということで、大勢お集まりいただきまして本当にありがとうございます。(拍手)

生長の家講習会では何をするのか?

講習会は各教区で二年に一回行われていますので、毎回来られている方も大勢いらっしゃいますが、初めての方も案外多いのではないかと思いますので、最初に今日の予定をお話ししておきます。

皆さんのお手元に「生長の家講習会」というカラフルなパンフレットがあると思います(図1)。その下半分に今日のプログラムが書いてありますが、この通り行われるのであります。ですから、わざわざ説明の必要はないという意見もあるかもしれませ

図１

んが、話の内容や時間の配分はあまり詳しく書いてありませんので、その辺について簡単に申し上げましょう。

私の講話は、午前一回、午後一回、お昼休みを挟んだ時間帯で行われます。これからおよそ一時間、お昼までの時間は、初めて来られた方々に生長の家が一体どんな信仰であるかということをできるだけ正しく知っていただきたいので、基本的な教義の概要を説明する予定であります。しかし、そういう話はもうよくご存じという方も大勢いらっしゃいまして、基本の話はもう耳にタコができたという方もいらっしゃると思いますので、そんな方のために、午後は教義の〝応用編〟の話をします。そのように講習会では、午前と午後の講話の内容を分けております。

これから教義の基本をお話しするのですが、宗教の話というのは分かりやすいようで分かりにくい。学校の勉強だと、分からない所は宿題を出したりテストをしたりして、先生が懇切丁寧に教えてくださいますが、宗教の話は、なぜか知らないけれども、昔からあまり懇切丁寧にやらないことになっている（笑い）。それを、生長の家創始者の谷口雅春先生は懇切丁寧に、文章によって表現し、それをさらに講話で補強するという方法を始められたのですね。

つまり、信仰の中身——特に〝神髄〟と言われる部分は、文章によって表現できないということが、長い間、日本では宗教の伝統だったんです。禅宗では「不立文字《ふりゅうもんじ》」という言葉がありますでしょう？　教えの神髄は文字に表すことができないから、心で直接把握しなさい、というわけです。しかし、谷口雅春先生は、昭和五年に宗教の教えを雑誌に発表して、文章によって知らせることを始められた。それを〝文書伝道〟といいますが、それまで「そういうことは不可能だ」と言われてきたのを可能にしようとなさったのですね。ですから、生長の家には大変多くの本があります。本だけでなく毎月、雑誌が何種類も出ているということもご存じと思います。

そういうわけで、そんな多くの本や雑誌の話を全部まとめて、これからお昼までの時間に説明するというわけには残念ながらいきません。何百冊もある本の中身は、一時間に凝縮できません。しかし、〝基本的な考え方〟はある程度説明ができますので、それをこれからやりたいと思います。三つの項目を挙げまして、生長の家の基本教義を説明いたします。

しかし、先ほども申しましたが、宗教の教えは〝予習〟とか〝復習〟とか〝テスト〟などのような、大人数に共通した伝達方法はありませんので、分かりにくいところがあると思うのですね。それから、今日は大勢の方がお見えですから、それぞれの皆さんのバックグラウンドは多様であろうと思います。仏教を勉強された方、神道出身の方、キリスト教の方、あるいは宗教なんかテンデ相手にしなかったけれど、今日はあまり熱心に誘われたので、じゃあちょっと午前中だけ覗《のぞ》いてみようか……いろいろな事情の方が集まっておられるでしょうから、私の話を聞かれても必ずしも納得しないという可能性は十分あると思います。そういう場合にも、私としてはできるだけ分かっていただきたいので、疑問の個所があったら質問してください。

ただし、これだけ大きな会場で、多くの人が手を挙げて話し出したら大混乱に陥りますので、私の講話の途中では立ったり手を挙げたりしないようにしてください（笑い）。そうではなくて、このあと昼休みが一時間あります。受付に行きますと質問用紙（A5判）が用意されていて、そこに質問を書いて出すことができるようになっておりますので、質問したい方はぜひそうしていただきたいのであります。

ただ、ちょっと想像されたら分かると思いますが、これだけ多くの方が一人ずつ質問を書いたら、読んでいるだけで日が暮れてしまう、明日になってしまうかもしれません。私のお答えできる質問の数には限りがあります。質問に対するお答えの時間は、午後の講話の最初の三十分を充てています。それ以上話していると質問に対するお答えだけで講話の時間が終わってしまいますので、残念ながら三十分でお答えできる数しか質問にはお答えできません。それをあらかじめご了承いただきたいのであります。

これまでの経験から言いますと、七つから八つくらいの質問だったらお答えできる可能性がありますが、今日は恐らくそれ以上の数が来ると思いますので、私の方で事前にお答えするものとしないものを選ぶことをお許しいただきたいのであります。今日の質問には全部お答えできませんが、良い質問にはお答えしたいということであります。質問したい方はぜひメモでも取っていただいて、できるだけ分かりやすく質問を用紙に記入してください。

それから、質問に関するお願いをもう一つ申し上げると、個人的な悩みの相談はご遠慮いただきたい。それは、生長の家ではそういう質問には関知しないという意味ではありません。教化部や道場での個人指導の際は、もちろん個人的な悩みにはきちんと対応しますが、今日のような特殊な場で個人的な質問をされる場合、誰が聞いているか分かりませんから、ほとんどの質問者は抽象的で漠然とした質問をされるんです。

例えば、「私は結婚して三十年になるけれども、とても夫が赦《ゆる》せない。どうしたら赦せるようになるでしょうか？」なんていう質問には、「生長の家は感謝の教えですから、それでも夫に感謝しなさい」と言うことはできる。しかし、赦せない理由を教えてほしいですよね。でも、それを質問者が他人に分かるように紙に書くというのは、そう簡単なことではない。ですから、個人的な事情は省略されるのです。そういう場合は、抽象的な質問には抽象的に答える以外に仕方がないので、参考にならない場合がほとんどです。人生相談は、各人の事情を知らずに答えるのは難しいし、間違う可能性もあります。ですから、そういう質問は今日は避けていただいて、生長の家の教化部や道場に行かれて、他人が誰も聞いていない所で、生長の家の講師に事情を全部打ち明けて、指導を求められるのが一番よろしい。

今日はそういう個人的な人生問題に対する質問ではなく、私のこれから話すことの中で、「あそこの話でこんなことを言ったが、自分は賛成できなくて、こんなふうに考えるけれども、どうだろうか？」とか、「あなたの言ったあの説明が自分にはよく理解できなかったから、もっと詳しく説明してほしい」とか、「あの言葉の意味がよく分からない」とか、そういう質問をしていただきたいのです。そうすると、私の講話の不足を補うことができるし、ほかに同じような疑問をもった方にも同時にお答えできる……そういうところが今日の質問受け付けの主旨でございますので、ご協力いただきたいのであります。

そういうわけで、午前中は私の講話で終わり、昼休みの後、午後一時から午後の部が始まります。最初の十分から十五分は聖歌隊の合唱です。生長の家には、キリスト教の「讃美歌」に該当するような歌がいくつもありまして、その中の二曲か三曲を音楽伴奏入りで合唱していただく時間であります。その後、私が再びこの場に立ってお話をする時間が来ます。先ほども言いましたが、その最初の三十分は、皆さんからの質問にお答えいたします。残りの三十分から四十分は、教義の〝応用編〟の話をいたします。二十一世紀初頭の今日は、それ以前の数十年にはないいろいろ特殊な事情がある。景気も良くないし、環境問題も深刻化している。人口が増えて、エネルギーや資源問題が浮上している。そういう状況の中、生長の家では教えに基づいて、どういう生き方を皆さんにお勧めしているか——そういう話をいたします。

講話が午前と午後の二回ありますので、テキストも二冊を使います。午前中は、『新版 幸福を招く365章』（図2、谷口雅春著、日本教文社刊）を使って、生長の家の基本的な考え方について説明いたします。午後は、最近、私が書いた『次世代への決断』（生長の家刊）です。三月一日発売ですから、まだ一カ月たっていない新刊書です。副題に「宗教者が〝脱原発〟を決めた理由」とありますから、これで大体の内容はお分かりだと思います。大阪市の市長さんも「脱原発」と仰っているようですから（当時、編集部注）、その辺のところでは考えが合うかもしれませんが、私の場合には「宗教的な理由」がありますので、それをぜひ皆さんには知っていただきたい。今年の夏は原発がすべて止まる恐れがあるというので、これは東京に住む私も、大阪で生活されている皆さま方も似たような事情だと思いますから、ぜひこの問題について

図2

生長の家の考え方を理解していただきたいのであります。また、生長の家は東京の都心に本部を構えて久しいのですが、そこを出て山梨県の〝森の中〟に入るという決断もしています。その理由や意味についても、この本の中に詳しく書いてあります。それをぜひ皆さんには知っていただきたいので、この新刊書をテキストにして話をいたします。

午後の講話が終わると、だいたい二時二十分から二時半くらいになります。その後は、体験談の発表です。先ほどは三人の方がされましたが、午後は二人の方から、生長の家の教えに触れてこういう良いことがあったという体験を発表していただきます。お手元のパンフレットには、最後のプログラムとして「世界平和の祈り」と書いてありますが、生長の家では「神想観」という、仏教の座禅に似ていて、それとキリスト教の祈りが混ざったようなタイプの瞑想法を皆さんにお勧めしています。それを、ぜひ皆さんもこの場で体験していただきたい。時間的には十分から十五分です。その中で世界平和を祈って講習会を終わりましょう――これが、今日の半日間の、言わば〝生長の家のオリエンテーション〟のコースとなっています。

唯神実相
唯心所現
万教帰一

図3

最後まで出席していただきますと、だいたい生長の家の基本的な教義の解説と、応用編もしくは生活編の話を聞いていただく。その合間に五名の方々の体験発表を聞いて、最後は、皆さんもただ聞くだけではなく、自らお祈りをして――つまり、積極的に参加することを通し、「なるほど生長の家はこういうものか」という感触をもっていただけると思います。午後三時までありますので、ぜひ最後までご聴講いただきたいのであります。

神のみが世界の創造者――唯神実相

それでは、生長の家はどんな信仰であるかという話に入っていきましょう。今日は、私の頭の上に大きなスクリーン、それから、隣に中くらいのものがありますが、両方に、文字や絵を映しながら説明していく予定です。

まず、生長の家の基本教義三項目がこれです（図3）。スクリーン上に表示しています。初めての方は、ぜひメモを取っていただきたい。このキーワードをメモしておくと、後から思い出しやすくなります。短い言葉なので、これらをぜひ覚えていただきたいのです。

唯《ゆい》神《しん》実《じっ》相《そう》

図4

右側から、振り仮名を振って簡単に解説します。生長の家で一番大切な考え方といいますか、これを外したら生長の家ではないという考え方が、「唯神実相」という言葉に表現されています（図4）。日本語には四字熟語がたくさんありますが、これが便利なのは、漢字の意味を考えながら上から目で追っていくと、何となく意味が分かるというところであります。そのように読んでみますと、生長の家では、「唯神《ただ》のみあるのが実相だ」と考えるということです。どうですか、わかったような分からないような話ですね。

「ただ神のみあるのが実相である」――仏教でも「実相」という言葉が使われますが、その意味はあまり詳しく説明されていません。しかし、生長の家の本は、ほとんどすべてがこの実相についての説明だといってもいいくらいです。それほど「実相」を大切にします。しかしその一方で、辞書を引きますと、日本語の普通の辞書ならば「実相」の意味は大抵どこにも載っています。そこには大体、二つの意味が書いてあります。一つは「本当のすがた」とか「実際のありさま」という意味で、二番目も「本当のすがた」「真実のすがた」などと書いてある。一つは、常識的な意味での「本当のすがた」です。それから、二番目はもっと深い意味での「本当のすがた」です。哲学や宗教の分野では、目の前に起こる出来事の〝外見〟がどうであるかということよりも、その背後に何か〝真実なるもの〟が隠されていると考え、それが何であるかを問題にします。だから、そのどちらを指すかで「実相」の内容は、まったく変わってきます。

例えば、三省堂の『大辞林』(一九八八年)では、一つの意味は「実際のありさま・事情」とあり、二番目には仏教で使う時の意味として、「この世界の真実でありのままの姿」とあります。また、古い言葉を扱った『新編大言海』（一九八二年、富山房刊）という国語辞典には、一番目の意味では「実際のありさま。まことのかたち。真相」とあり、二番目の意味では「万有の生滅《しょうめつ》の相を離れたる、真実の相。真如《しんにょ》の相」とあります。

卑近な例で考えましょう。私たちがよく目にする「実相」という言葉は、例えば週刊誌を見ると——まぁ、時間とお金のムダになることが多いから、週刊誌の記事は読まなくていいです。新聞広告の見出しを見るだけでよろしい（笑い）。そうしますと、そこに「〇〇政治家の実相」と書いてあることがある。そうすると大抵の場合、そこにはその政治家の悪口が書いてあるのです。それは読まなくても分かる。なぜかというと、政治家はよく、人前では良いことばかりを言う——あれもできます、これもやります、私は素晴らしい、皆さんも素晴らしい、私は正義の味方ですなどと言うけれども、その政治家は人が知らないところでは、こんな悪いことをしています、こんな所から多額の寄付金をもらってますよ、奥さん以外の女性とつき合っていますよ……そういう悪いことが「実相」という言葉を使って表現されることがある。「一見、よいように見えていても、本当は悪いんだ」と言いたいわけです。

生長の家では、そういう実相とは全く逆の意味で、この言葉を使います——「どんなに悪いことをしたように見える人間でも、実相は神の子であって仏であります」。そういう言い方をします。だから、この二つの意味を取り違えないようにしていただきたいのであります。谷口雅春先生の代表的な著作である『生命の實相』という全集には、「実相」という漢字の横によく「ほんとのすがた」という振り仮名がついています。

しかし、「本当のすがた」とか「本当のこと」というのは、分かっているようで、なかなか分からない。例えば、結婚されている方はここにも多いと思いますが、それぞれの伴侶のことをよく分かっていますか？　「本当の旦那さん」「本当の奥さん」の姿を知っていますか？　結婚してもう三十年、四十年にもなるけれども、「まだあの人のことがよく分からない」と思うことはありませんか？　人間のことだけでなく、物事は表面的には分かったようでも、本当にはよく分からないことが多いのです。

生長の家では、〝世界の本当の姿〟のことを「実相」といいます。神が世界を創造したのであると考えます。仏教ではそういうことはあまり言わないで、「世界は初めからある」と考えます。仏様は我々を救ってくれるけれども、世界を創造したということは仏典には書いてない。それが書いてあるのは、聖書とか、コーランとか……それらには神による天地創造の話が書いてあります。そんなわけで、仏教ではそれがあまり問題になりませんが、生長の家では神が創造した世界を問題にいたします。なぜこの世界があり、なぜ私たちはここにいるのかということは、大きな問題である。

その世界を創造した神とは、どんな神であるか？　生長の家では、世界の創り主としての神――いわゆる「唯一神」を信仰します。よく日本の宗教は多神教だといわれていて、『古事記』や『日本書紀』を開いたら、たくさんの神様の名前が書いてあるから、表面的に見ると確かに多神教であるように見える。事実、宗教学上は多神教だということになっています。けれども、生長の家では必ずしもそう考えないのです。日本の古典に最初に出てくる神様は「天之御中主神《あめのみなかぬしのかみ》」といいますが、それはキリスト教やユダヤ教やイスラームで言っている唯一神のことだと解釈しています。「最初に書いてある」ということは「尊重している」ことだと考えられるので、日本人は創造神をもたなかったわけではない。結局、天地を創造された神を私たちは信仰している。だから、生長の家は、唯一神教だといって間違いありません。それならば、生長の家は主祭神として天之御中主神をお祀りしているかというと、そういうわけでもない。この辺は少し複雑ですので、知りたい方はぜひ質問してください。今、この話をしていると三十分くらい簡単にたってしまうので、この辺で終わります。

では、天地を創造された神様というのは、どんな神様であるのか？　それは、創造されたものを見れば、創造主のことはある程度わかる。そして、世界を見ると実に素晴らしいものに溢れていますから、創造主である神はなお素晴らしく、完全円満である、と生長の家は考えます。この「世界が素晴らしい」ということについては、異議を唱える方がいるかもしれません。しかし、自然界を考えてください。宇宙がどのように成立し、どのように運行しているのか。極微の世界から極大の宇宙にいたるまで、厳密な法則に基づいていて、地球ではどんなに多様な生物が共存していることか。我々の肉体を見ても、ものすごく精巧にできている。私たちがいちいち細かいことを心配しなくても、食べたものをきちんと消化してくれるでしょう？　それは不思議なことです。人間は実にいろいろな物を食べているにもかかわらず、悪いものは排泄し、必要なものは体の一部として、またエネルギーとして利用する。そういう統一的な目的をもって七十兆から百兆個もの細胞が、一糸乱れずに、ほぼ自動的に機能するものが現にここに存在する。これが偶然に起こるとは考えられない。しかも、人間だけでなく、その他のすべての生物種も人間に勝るとも劣らない複雑な体の仕組みをもっており、生物だけでなく、鉱物や星々も、実に多様なものが相互に複雑に関係しながら、統一的な秩序をもって存在する――このような素晴らしい宇宙を創造された者――天地創造者がもしいるのだとしたら、それは完璧なる知恵と愛をもち、無限のエネルギーと生命力をもった存在だと考えざるを得ないのです。そうであるならば、その神が創造した世界は「完璧」であり、「完全円満」である。そのように考えて、生長の家では「完全円満」で「悪はない」のが世界の実相――〝本当の姿〟だというのであります。

実相と現象との違い

ここまでの議論は、思惟《しい》によるもの——つまり、哲学的考察です。これに対して、私たちが日常的に接している世界があります。その世界の印象は、しかし先ほどの考察とは必ずしも同じではない。私たちはそこで新聞を読んだり、テレビで衛星放送を見たり、インターネットを通して情報を得たりします。すると、何が見えてくるかといえば、あそこが悪い、ここが悪い、あそこが大変な状態になっている、ストーカーがいる、詐欺がある、テロがある、戦争がある——そういうように悪いこともたくさん起こる。もちろん、いいことも美しいことも楽しい出来事も沢山あります。が、ひと言でいうと善悪が入り交じった世界です。それを、私たちは「現象」と呼んでいます。

科学という学問がありますが、それはこの「現象」を研究するのですね。私たちの目で見え、耳で聞こえ、鼻で臭い、肌で感じられるものをいろいろ測定して、例えば犯罪や交通事故はなぜ起こるのか、経済はなぜ停滞するのか……などを検討し、研究する学問はいろいろあります。そういう様々な現象は、工学が扱うこともあれば、社会学が扱うこともあれば、経済学や人類学が扱うこともある。学問の多くは、このように現象を取り扱うのです。例えば、今ここ（演壇の横）にたくさんの花が飾られていますが、こういう花の種別はどうであって、それぞれどういう特徴があるのか。それらの植物からどんな薬品や化学物質が採れるのか。それらを研究することは結局、私たちが目で見て、肌で触れて、鼻で嗅いで、耳で聞こえるものが基礎になります。これは皆、現象に基礎を置いているのです。つまり、人間の感覚器官を経由して〝形〟として現れているもの――現象が基礎となっている。

生長の家の教えの最大の特徴は、神が創造された世界の〝本当の姿〟（実相）と、私たちが感覚によって――五つの感覚器官によって捉えた世界（現象）とをはっきりと分けて考えることです。この二つの様相は大いに違うということを前提に考えるのです。この点を強調する宗教はあまり多くない。なぜなら、私たちの素朴な感覚では、目の前にあってそう見えるものは、そのままの姿でそこにあると考えるからで、そのことを疑わない。なぜなら、私たちは五官の感覚を通して世界とつながっているわけで、それ以外の世界を知らないからです。目がなかったら我々には何も見えない。当たり前です。耳がなかったら我々には何も聞こえない。同じように、鼻で臭いを知り、口で味覚を感じ、肌で何かに触れることで、初めて私たちは目の前の世界の性質や様相を知ることができるわけです。

しかし、それが世界や物事の〝本当の姿〟かというと、かなり疑わしい。もし人間の目ではなく、違う生物の目を通したら——例えば、空を飛んでいる鳥の目（視覚）を人間に移植することができたら、きっと違う世界が見えるでしょう。あるいは、皆さんが家で飼っているイヌやネコなどの哺乳《ほにゅう》動物の視覚を移植したら、どう見えるでしょうか。皆さんも、生物がそれぞれ別の視覚をもっていることは、ご存じでしょう。視覚だけでなく、他の四つの感覚も、生物それぞれが独自のものをもっているのです。特に、ほとんどの哺乳類は、人間が「色」として感じているものを感覚しない。色覚が人間ほどに発達していないのです。色覚がまったくないわけではないけれども、私たち人間のように赤、青、緑、ピンク、黄色……などの多様な色が見えないといいますか、感じられないわけです。

すると、彼らの知っている世界は、私たち人間が知っている世界とは相当様子が違うことが分かります。では、イヌの知っている世界と人間の知っている世界では、どちらが本物でしょうか？　どちらが〝本当の姿〟をしているのでしょうか？　人間は確かに視覚的にはイヌより優れているかもしれないけれども、鼻でかぐ嗅覚《きゅうかく》の方は、イヌの方が人間よりはるかに発達しています。だから、どちらの世界も〝本当の姿〟だとは言えない。こう考えていくと、個々の物の姿も、私たちが知っている姿が〝本当の姿〟（実相）ではないという理解に達するはずです。

例えば、私たちはこの花（演壇横に飾られた花の一つを示して）を見て、この見えたままの姿が本物だと思っている。しかし、動物はそれぞれが違う感覚をもっているので、周囲をハチが飛んでいたとしたら、そのハチにとっての花は、まったく別モノのように感覚されているかもしれない。ユリの花がここにありますが、見ればピンク色をしている。こちらにあるのはサクラですか、早咲きのサクラですか、それともモモでしょうか？　私たちは色や形をもとにして植物の花を分類していますが、その色や形が、私たちが見ているものが本物でないならば、本物とはいったいどんな姿形なのでしょう。

こういう考え方に慣れない人は、ちょっとびっくりするでしょう？　私たちの周囲の世界の様子は、実は本当の姿をしていない——のです。神様が創造された世界は、私たちの周りに確かに存在します。しかし、それを我々は〝人間に特有な感覚〟によって、つまり人間にしか見えない仕方で見ている。人間にしか聞こえない仕方で聞いている。人間にしか感じられない感覚で感じているのです。だから、それらによって感じられた世界の姿は、神様が我々に与えてくれたすべてではない。我々人類の生存にとって重要な部分ではあるけれども、あくまでも〝部分〟であって〝全体〟ではない。だからもし、そのすべてが我々に感覚することができたならば、私たちには〝本当の姿〟——世界の実相が分かるということなんです。この現象と実相の違い、分かりますか？　生長の家ではこれを厳密に区別し、すごく重要に考えています。

神様が創造された世界の実相は完全で、すでに完成していて、どこにも悪いものはない——それが我々の信仰の基本です。これを承認できない人もいると思いますが、我々はそれを承認して信仰している。そうでなければ、様々なマズイ問題が出てくることになります。

例えば、「死」というものを考えてください。死があるということは、我々は皆、いずれは無くなってしまうということですから、この世界を苦労して生きることの意味が分からなくなる。全部無意味だということにもなりかねません。ある一定の時間を生きたら、そこから先は、我々の全存在が無くなってしまう。そうであるなら、「我々は一体何のためにここで生きているのか？」という疑問が湧き上がります。結局、死ぬために生きているのであれば、死んでしまったら全てがゼロになる。それならば、「死ぬまではオレの好き勝手なことをさせてくれ」と言う人が出てきても、不思議でないわけです。

実際、それに近いことを言う人たちが出てきている。それは、人のことはどうでもいい、環境のことはどうでもいい、社会のことはどうでもいい、オレだけがこの世界で楽しく生きていればいいんだ……こういう自己中心的で反社会的な考えの人はいないわけではない。こういう考えからは倫理や道徳は生まれないのです。本当に人間がある時点でポコッと死んでしまって、あとは何も残らないとしたら、倫理や道徳は崩壊する。厳密に考えたらそうなるでしょう。しかし我々は、親や社会の教育もあり、あまり厳密に思い詰めて考えないから、「死ぬかもしれないけれども、本当は死なないかもしれない……」などと漠然と思っている。どっちだかよく分からない。普段の生活が忙しいし、イヤなことは考えたくないから、この辺のことはあまり厳密に考えない。でも、何となくお盆になると、「やっぱり人間は生きているな」と思って、多くの人はお墓参りをする。しかし、死にそうになってくると、「あぁ、本当に死ぬ」と思って慌《あわ》てるのです。

生長の家では、「死はナイ」と言います。「病気もナイ」「物質もナイ」とも言います。これは、初めて聞く人はびっくりするんですね。「そんなことを言って、たくさんある病院はどうなるんだ。病気がないんだったら、みんな詐欺に遭《あ》っていることになるのか」——違います。現象としては、人間は肉体をもって生きているから、病気になることがある。また、肉体はいつか必ず使えなくなるから、現象としての死はあります。しかしそれは、「肉体」という一種の〝宇宙服〟を脱ぐことなのです。宇宙服を脱いでも、宇宙飛行士はピンピン生きているように、私たちは肉体の死後も生き続ける。そういう意味で「死はナイ」のです。「病気はナイ」というのは、宇宙服がほころびても、それを着ている宇宙飛行士はちっともほころびていない——つまり、〝本当の人間〟（実相）は病気にかかっていないという意味です。

こう考えてください。我々の「肉体」というものは、地球という特殊な天体——実際に他の惑星や恒星と比べたら非常に特殊な条件の下にある所です——ここで生きるために特化した道具です。言い直せば、我々の体は、長い間の進化の過程を経て、「地球で生きる」ためだけに作られた、非常に素晴らしい〝宇宙服〟である。その服を着て生きている間がこの世の人生であって、脱いでしまったら別の生き方があるということです。だから「死はナイ」のです。

宇宙飛行士は宇宙服を着て、宇宙船や宇宙空間でその時でなければできない様々な作業や研究をします。これは、一種の表現活動です。宇宙空間や宇宙船、宇宙服という〝媒体〟や〝道具〟を使った表現です。

我々人間の〝本質〟——仏教的な表現では〝仏性〟——をすべての人がもっているのですが、それをただ「もっている」だけでは役に立たない、表現しなければ価値が発揮できません。これは、すべての表現芸術について言えることです。我々の人生も、この表現芸術だと考えてください。例えば、俳優さんは、自分の体を使って表現をします。音楽家は、楽器や曲によって表現します。芸術家は――絵描きさんだったらカンバスの上に筆と絵の具を使って表現する。これらの「体」や「楽器」や「音楽」「カンバス」「筆」「絵の具」などが、表現の媒体であり、表現手段です。それがなければ、表現したいものが頭の中にいくらあっても、表現は不可能です。表現の手段がないといけない。その表現の手段として、我々は「肉体」という一種の宇宙服を神様から頂いているのです。それを使えるだけ使って、古くなったり、故障が絶えなくなれば、宇宙服のように肉体を脱いで、別の表現媒体を使うことになる。そして、「霊界」とか「幽界」と呼ばれている所へ移って、そこでまた表現を続けていく。このように生長の家では、「人生は表現なり」という考え方を採っているのです。

このような考え方をすれば、この世界――つまり、現象世界、表現の世界――に不完全なものがあるということと、無限で完全なる神や仏がいる、あるいは完全円満な実相世界があるということが両立するのです。

音楽を例にとって考えましょう。音楽は、実際に演奏されなければ価値がありません。しかし、これまで沢山の数の音楽が作曲されてきて、その多くが楽譜として記録されています。例を挙げれば、ビートルズの『イエスタデイ』という曲がある。ビートルズじゃなくてベートーベンでもいいんです。例えば『月光』の曲がある。これらの楽曲は、もうずいぶん前に完成していて、楽譜はでき上がっています。しかし、楽譜のままでは、誰もその音楽を演奏できないし、鑑賞もできない。完全な楽曲がすでにあっても、表現されなければ、現象としては価値が生まれてこない。つまり、誰も楽しみを味わえないのです。それでは、音楽はあってもなくても同じことです。だから、表現（演奏）されなければいけない。

では、演奏すれば、誰でもすぐに『イエスタデイ』でも『月光』でも完璧に表現できるでしょうか？　そうはいきません。演奏家がうまくできるかどうかによって、結果は大いに違うわけです。それと同じように、私たちも〝神の子〟や〝仏〟としての完成した本性を持っているけれども、表現の仕方をまだ練習中なのであります。練習不足では〝神の子〟の本性を完璧には演奏できないから、ちょっと失敗したり、あるいは大きな失敗をする人もたまにはいる。しかし、その時に重要なのは、失敗した人自身に「あっ、失敗した」と自分の失敗が分かるということです。もし人間が〝神の子〟や〝仏〟ではなくて、根本的な欠陥がある不完全な存在であるならば、自分が失敗しても、その失敗を自分で知ることはできません。これはちょうど、楽譜に書かれた『イエスタデイ』や『月光』の曲が間違っている場合に該当します。自分は楽譜通りに弾いているのだから、間違いであるはずがないと思い続ける人がもしいたならば、その人は根本的な欠陥のある楽譜をもっている――つまり、不完全な存在です。しかし、人間は皆、自分の失敗が、その時すぐに分からなくても、やがて分かるのです。これは素晴らしいことですね。

この「正しい楽譜」がわかる能力を「良心」と呼ぶことがあります。人間はなぜ良心を持っているのか。良心というものはすべての人が持っていて、その良心が「お前の人生はちょっと失敗しつつあるぞ」などと教えてくれるでしょう? 「自分はいつも人とぶつかり合っている」「いつも悪口を言っている」「人から嫌われているようだ」などと教えてくれます。また、「嘘をついてはいけない!」「友達を裏切ってはいけない！」などと教えてくれる。それは、我々の中に完璧な仏様、神の子がいて、我々がその〝本当の自分〟の意思から外れていることを教えてくれるのです。一種の〝危険信号〟が出る。それを出す本体のことを、生長の家では「神の子」と呼ぶわけですね。それは「あれをしたい」「これが食べたい」「楽をしたい」「適当にやりたい」と考えるような表面的な自分ではなく、その奥にある、もっと切実な心＝本質です。その私たちの本質が仏様であって、神の子である。けれども、それはすぐ簡単に表現できるものではなく、練習が必要です。私たちは肉体を使ってそれを表現しようとしているのですが、ほとんどの人間はまだ練習中だから時々失敗します。しかし、失敗するのは人間の本質が不完全なのではなくて、表現が不十分でまだ不完全なのだ――そう考えるのであります。

湖面の月は本物か？

この「唯神実相」という考え方は、生長の家では一番難解といえば難解かもしれま

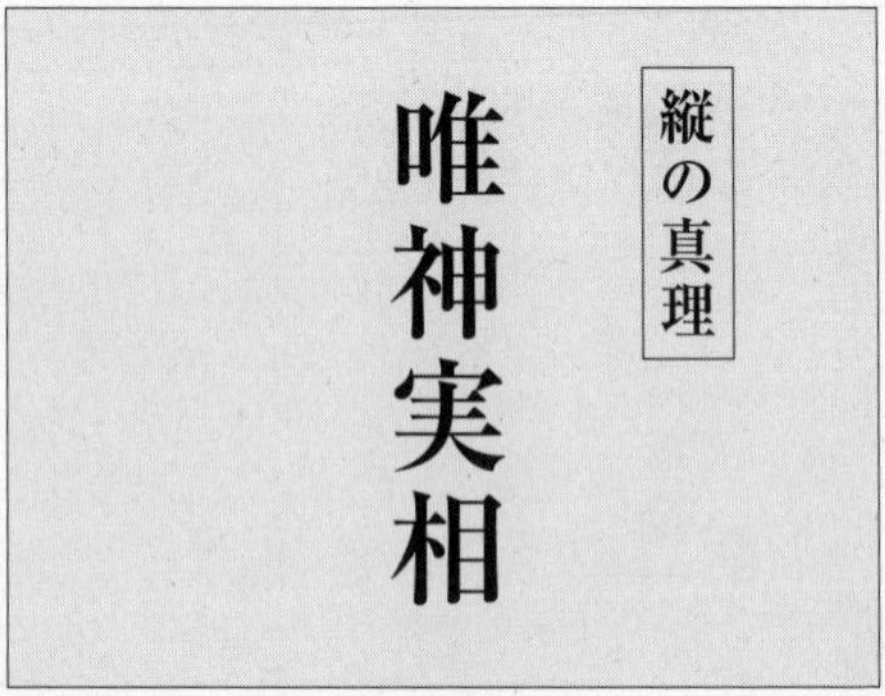

図5

せん（図5）。この図では、右肩に「縦の真理」と書かれていますが、なぜ「縦」であるかというと、神と、神の創造された世界との関係は一種の〝上下関係〟だと考えられるからです。そこで、時々この言葉を「縦の真理」と呼ぶことがある。

すでに触れましたが、この四字熟語の字解きをすると、「ただ神のみあるのが実相である」ということです（図6）。唯一絶対神の特性としては、完き善であり、無限の知恵をもち、無限の力をもっている、と言えます（図7）。つまり、何でも知っている――宇宙を創造された神様ですから、どのようにしたら宇宙ができるかということ。さらに、それをどうすれば、隅々までどうなるかということも分かっている。それから、無限の力があるという意味は、宇宙を一個や二個消したり創ったりすることは、わけなくできる――そういう莫大な力があるということです。しかも、「完き善」であることが重要なのです。「完全な善」と普通の善は違います。普通の善は相対的で、ある立場から見たところの善である。これは、別の立場から見たときには必ずしも善ではない。そういうものを「相対善」と言います。これに対して「完き善」は、絶対善であり、立場にかかわらず善である。それが神の徳性の一つだと考えられます。

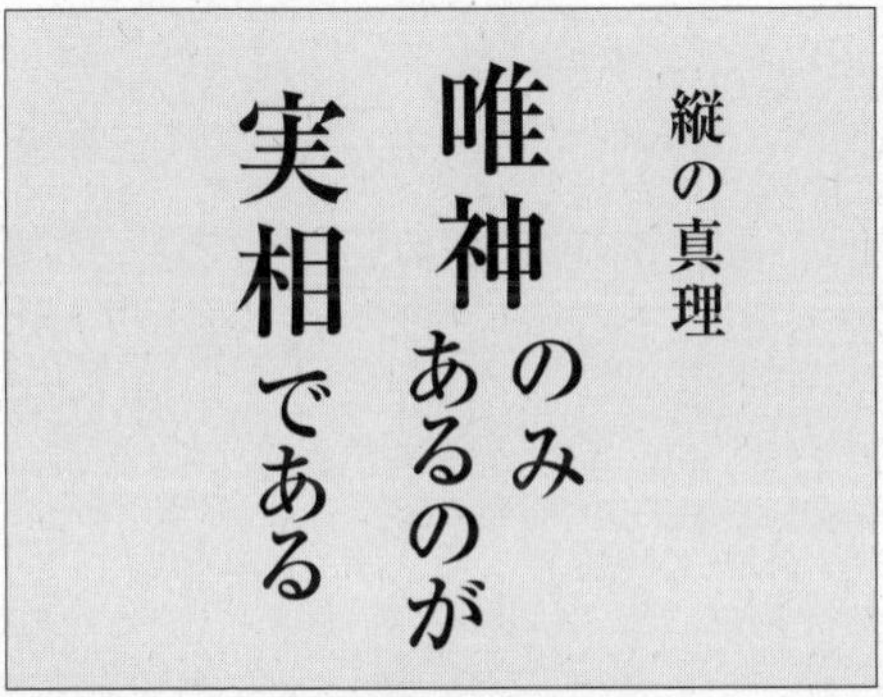

図6

図7

もしそうでない場合、何か莫大でものすごい力と、何事も知らないことのない無限の知恵をもつものがあったと仮定してください。そういう存在が「悪」だったとしたら、どうなるでしょうか？　これはとんでもないことになります。そういう存在は、私たちの考える「神」や「仏」とは懸け離れたものです。それよりは「悪」や「魔」に近い。我々が信仰の対象とするものからほど遠い存在です。だから、神は「善」でなければならない。しかも、ある人にとっては善であり、別の人にとっては悪であるならば、やはり「神」や「仏」の名に値しないから、欠けることのない「完き善」でなければいけないのです。

もちろん神は目に見えません。目に見えるものは、すべて現象ですから……。「神様を見せてください」という人が時々いますが、残念ながら神は見えません。宇宙を創造された神様ですから、宇宙より小さいものではない――別の言い方をすれば、宇宙によって拘束されたり、条件づけられたりするものではない。そして、私たちの目は宇宙全体を見ることなどできないのですから、その〝外側〟にいて、宇宙に制約されない神を見ることができないのは当然なのです。私たちの視覚とは、地球上のごくごく小さな、狭い範囲のものだけを見るように設計されている。地球全体を見た人間は、いまだに一人もいない。だから、神は見えないのです。他の感覚についても、同じことが言えます。神は、感覚によって感じられません。そのことは、聖経『甘露の法雨』にも「創造の神は五感を超越している、六感も超越している」と書いてある通りです。

しかし、そうであるにもかかわらず、人間は太古の昔から、自分たちが体験しているこの現象世界の背後に、何か偉大なものの存在を感じてきたのです。これは、感覚によって感じてきたのではなく、それを超えた直観のようなものによってです。そして人類は、この「完き善」「無限の知恵」「無限の力」を有した存在がこの世界を、宇宙を創造したと考えて、それに「神」という名前をつけたのですね。もちろん「神」は日本語ですから、世界各地ではそれをそれぞれの言葉で表現した——天・帝・Allha、Theos, God……などです。

そういう偉大な「神」と、その神の作品である完全円満な世界のみあるのが実相である——生長の家はそう考えます。しかし、多くの人には、そんな完全円満な世界など見えないし、よく分からない。それはなぜかというと、私たちの関心が自分の周り

に集中しているからです。そのことを説明しているのがこの漫画です。(図8)

これは何でしょうか？　お月様に顔が描いてありますが、あまり気にしないでください。別に顔はなくてもいいのですが、あった方が皆さんの注意を引くと思いまして、顔を描いただけです。この月の下に、舟に乗った人がいます。この人はある夜、月見のために湖に――琵琶湖でも、猪苗代湖《いなわしろこ》でも何でもいいですが――ペットを連れて舟を漕ぎ出しました。ペットは、ウサギでもネコでも何でもいいです。この場合、月を見る方法が二つあることに気がついていただきたい。一つは、この図にあるように、まっすぐに空を見上げて月を見ればいいんです。パッと上を見れば、満月が煌々《こうこう》と照っていることがすぐに分かる。

図8

しかし、人間はなぜか知らないけれど、まっすぐ天を見上げるのではなく、自分の周辺を――特に自分の手が届く範囲のことに興味があるので、多くの場合は、もう一つ別の月を見ることになる。それが、湖面に映っている月です（図9）。これも「月」といえば「月」ではありますね。違いますか？　月が湖の表面に映って見えている。そして人間は〝本当の月〟ではなくて、こちらの湖面の月に興味を引かれる場合が多いのであります。それは、衣・食・住などに関する身近な現象上のいろいろの出来事に興味があるということです。

図9

すると、〝現象は心の影〟（唯心所現）ですから、心は波立ち騒ぐことが多いので、湖面に映った月もグチャグチャに乱れた姿になっている。つまり、この世界には自分に敵対する人、自分の思う通りにならない出来事、不合理な社会制度、災害やテロ……などが多くある。秩序が乱れた混乱した世界である――そんな印象を強くもつことになる。神や仏などいない、救いがたい世界だと感じる。あるいは、自分の立場、自分の都合を考え、それを優先して、波立ち騒ぐ心を起こすと、その波立ち騒ぐ湖面に反射して見える神や仏は、意地悪をする神、罰を加える神、えこひいきをする仏、無能の仏——そんなふうに感じてしまう。

図10

もちろん、そういう不完全な神仏を信仰する宗教も一部にはあるのですが、生長の家ではそういう信仰はしない。そんなものは〝本当の神〟ではない、〝本当の仏〟ではないと考えます。〝本当の月〟はまん丸で完全であるけれども、私たちの心に映る世界は、自分の心が波立ち騒ぐ程度に従って、崩れて見えるのである——そういう考え方ですね。これは「唯心所現」と「唯神実相」の教えを同時に説明できる考え方（図10）ですから、覚えておいてください。文字よりも、絵で覚える方が好きな人もいるでしょうから……。

さて、簡単にまとめて言いますと、この図によると、月にはまん丸で美しい姿のものと、グシャグシャに姿が乱れた月とがあります。生長の家では、これ（図の上部）が本物だと言っている。本当に存在するのは、こちらの神であり、こちらの神の創造した完全円満な世界であると考えます。しかし世の中の常識では、グシャグシャに乱れた月の姿（図の下部）が本物だと考えます。なぜなら、目の前の世界はその通りに見え、感じられるからです。しかし、どちらが本当（実相）でしょうか？　皆さんにはぜひこちら（上部）を〝本物〟だと選択してほしい。そうしないと、神様は乱れた、混乱した世界（図の下部）を創造したことになり、そこから様々な問題が出てきます。例えば、神様の御心によって世の中がこのように混乱しているのであれば、その混乱を鎮《しず》めることは、神の御心に反することになる。また、神自身が混乱した存在で、善も悪も生み出すのであれば、神は自分にもいつ混乱した運命を与えるかわからない。また、悪を与えるかもしれない。ああ、怖《こわ》い怖い……ということになって、私たちは神様を信頼できなくなってしまう。町を歩いていても、いつ雷が落ちてくるかわからない。車が暴走してくるか分からないなどと、不安がなくならない。しかし、そうではなくて、私たちにはもともと神性・仏性があって、周りの世界も本当の姿は円満完全で素晴らしいのだという信仰があれば、大安心の心境で信仰生活を送ることができるのです。

そして、世の中で一見〝悪〟と見えるものは、私たちの本性である〝神〟や〝仏〟の善性が現れるまでの表現の過程で、一時的に失敗があっただけであり、私たちにはそれを改め、正しい表現をすることができる——そういう見方、考え方をマスターしていただきたいのであります。

心が人生を作る——唯心所現

では、その神性・仏性の表現のためには、何に注意すべきかということを、次の「唯心所現」という四字熟語が教えています（図11）。これは、仏教で言っていることと全く同じです。だから、仏教を勉強された方はこの意味はよくご存じですね。私たちの人生は、ただ自分の心が現したところのものである——そういうことです。だから、我々の心が「実相」や「神」や「仏」のことをよく知れば知るほど、我々の人生は素晴らしくなる。我々は自分の本質が何であるかということに気がつくと、それを表現したくなるのです。「オレはどうせサルの毛が三本抜けたようなものだ」(笑い)とか「サルとあまり変わらないケダモノだ」と思っていると、そういう人生を自ら選んで送ることになる。だから、「自分は何者であるか」という自覚はとても大切です。

唯心所現《ゆいしんしょげん》

図 11

さて、ここで人間の「心」について考えてみましょう。私が講習会で「人生は心の表現である」という話をすると、若い人から質問されることがある。「心の表現ならば、人はみな平和を望んでいるのに戦争がなくならないのはなぜ?」と訊《き》かれるのです。この場合、質問者は人間の心を単純なものと考えている。自分で理解する〝表面の心〟だけが自分の心だと思っているのです。しかし、ご

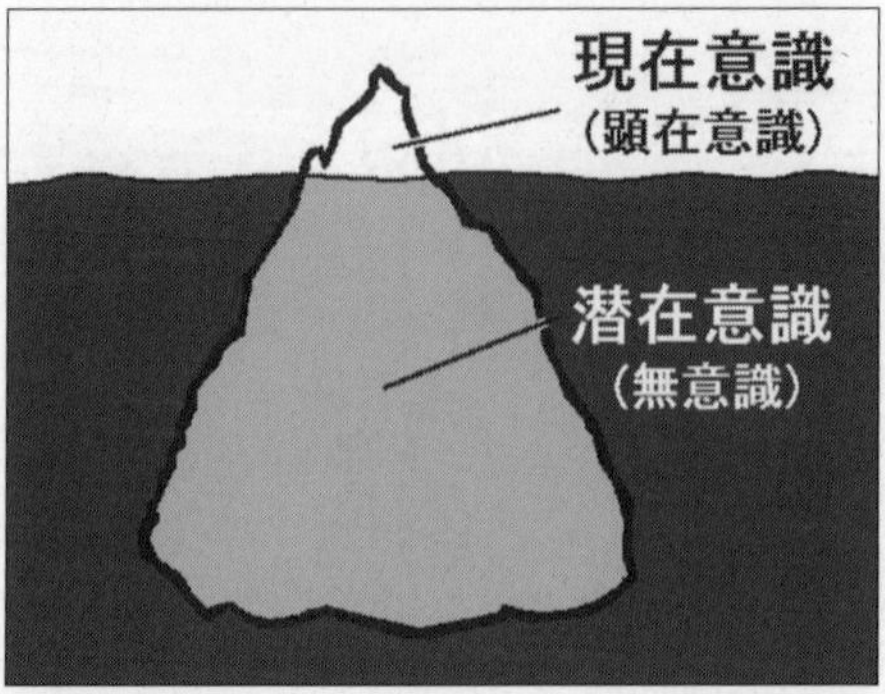

図12

存知のように、人間の心は非常に複雑です。自分の意識が及ばないところにも、心は広がっている。自分で理解できない自分の心もあるのです。それについて説明しましょう。人間の心は「氷山」に喩えて説明することができます。ここに氷山が一つ海に浮かんでいる（図12）とします。そうすると、氷は水より比重が軽いので浮きますが、この浮いている部分が「現在意識」にあたります。現在意識とは、簡単に言うと「自分で分かる自分の心」です。その一方で、私たちは夜寝ると夢を見たりして、その中で「あ、こんな所は知らないなぁ」という場所にも行ってくる。また、夢の中では知った人にも知らない人にも会います。目が覚めたら、そういう夢を見たことも忘れてしまう。つまり、私たちの中には「自分でも分からない自分の心」があるわけです。我々は、そういう意識の下に潜《もぐ》っている心をもっていて、それを心理学では「潜在意識」とか「無意識」と呼んでいます。

このように、心を二つに分ける人もいれば、もう少し多層だと考える人もいますが、生長の家では簡単に二つに分けて考えます。「現在意識」と「潜在意識」の二つが、一人の人間の心を構成していると考えます。

図13

そうしますと、これも便宜上、三角形で描かれていますが、複数の人間が集まると、このような図（図13）が描けるでしょう。この図では、「現在意識」のレベルでは、人々は皆バラバラの「個人」としての意識をもっている。つまり、「私はあなたとは違います」という意識です。夫婦であっても「妻は妻」「夫は夫」という明確な個別の意識がある。親子でも同じです。これが「現在意識」である。しかし、二人の人間は、まったく別個の存在であったら、その間に何のコミュニケーションも成立しないのであります。しかし、現実に夫婦も親子もちゃんと話が通じるのが普通です。ですから、心の底の方——意識されない心の深部では、ある程度、〝共通した心〟をもっていると考えざるをえない。

例えば、私は今、日本語を使って皆さんに話をしているから、私の意思はある程度、皆さんに伝わるわけです。今日、この会場には同時通訳のブースがあって、英語とポルトガル語への通訳が行われていますが、人類には言語を中心として異なる文化があって、その同じ言語を使う人々の間の方が、そうでない人よりも心はよく通じる。言語を媒介として心が通じるわけです。だから、それを図で表すと、複数の人間の心が潜在意識の部分で重なり合った図（図14）が描けます（同図の「日本文化」と書いた部分を指す）。さらに深い層に降りていくと、同じ漢字文化をもつお隣の韓国

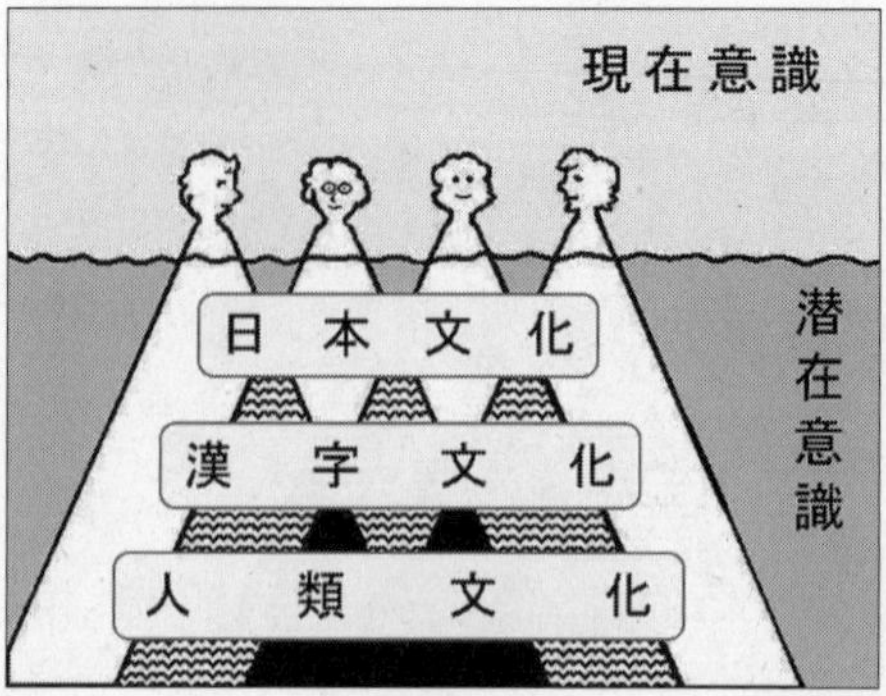

図14

や中国の人とは、話し言葉が通じなくても筆談によって、ある程度心の交流ができる。これを言い直せば、心に共通した部分がある（同図の「漢字文化」と書いた部分を指す）。さらにもっと心の下層へ降りていくと、人類共通のコミュニケーションというのがあります（同図の「人類文化」と書いた部分を指す）。ここでは、怒ったり笑ったりする顔の表情で互いの意思を伝えられる。それから、こうやったら（両手で頭を覆って構える姿勢をして）何を意味しているとか、身ぶり手ぶりで大体の意思は分かるでしょう？互いの心がもつそういう〝共通部分〟は、確かに存在していても普通は意識しないものです。だから、「潜在意識」と呼ぶわけです。

このような複雑な構造をもった潜在意識も含めて、唯《ただ》、心で表現したところの人生を、私たちは毎日送っているといっていいわけです。決して初めからある「与えられた人生」「動かしがたい人生」ではない。私たちは刻一刻選択しながら自分の人生を創りつつあるのです。先ほどの谷口純子・生長の家白鳩会総裁の講話にもありましたが、我々は毎日選択している――洗濯機を回しているのではないですよ（笑い）。我々の生き方を選んでいる。「人生の創造者」なのですから、正しく選べば正しい表現が行われるけれども、そうではない選択をすることが我々の問題になってくる。また、多くの人間の選択によって社会が動いていきますから、間違った選択を大勢が行えば社会の問題にもなる。しかし、その場合でも、周りをよく観察してみると、社会が失敗していると「あそこが失敗しているよ」と教えてくれる人がいるものです。それは、社会全体では〝少数派〟かもしれないけれど、よく〝社会の良心〟と言われるような人がいる。そういう場合、自分の心がその人に映って見えているという言い方ができるかもしれない。一見、他人が教えてくれているように見えていても、「あぁ、あの人たちが言っていることは本当だ！」と気づくのは本人ですから、結局は本人が正しい選択を知っているということになります。これまでは気がつかなかった正しさに気づく、と言っていいかもしれない。それを教えてくれるものを、宗教的には「観世音菩薩《かんぜおんぼさつ》」と呼ぶことがあります。

仏教のこの素晴らしい考え方を、生長の家では採用しています。観世音菩薩――これは「世の中の音《ひびき》を観ずる」と書きます。世の中にはいろいろの人々がいて、それぞれいろいろな悩みを抱えていたり、問題を起こしていたりしますが、それぞれの悩みや問題に応じて、どんな人にも問題解決の道を示してくれる……どんな人にも救いを与えてくれるのが観世音菩薩です。しかし、それはある特定の菩薩の固有名詞なのではなく、「救いの原理」をそう呼ぶのです。

この辺の詳しい説明は、私の『次世代への決断』という本の七四ページから七七ページにあるので、興味のある方はそこを読んでください。とにかく、宗教上の〝救い〟というものは、何の努力もなしに自動的に与えられるものではありません。自分が困難な状況に置かれているのであれば、その困難の原因を教える人や事象が目の前に出てきて、そういう人や物事が自分自身を鏡に映しているような役割を果たすことが多い。

例えば、「あなたの人生は失敗だよ」ということを教えてくれる。先ほども体験談の中でそういう事例が出てきましたが、なぜ自分は酒を飲んで交通事故に遭《あ》ったのか？　そういう悪い現象が起こったり、現象の中に不完全な姿が現れてくると、人間は「なぜ？」「どうして？」と立ち止まり、これまでの自分の行為や生き方を反省するものです。そういう一見〝悪い問題〟や〝悪事〟と感じられるものから人間は学ぶことができるわけです。もし人間が根本的に罪人であったり、〝罪悪深重《ざいあくじんじゅう》の凡夫《ぼんぷ》〟であったりしたならば、我々は「学ぶ」なんてことはできません。「悪いのがなぜ悪いんだ」と居直るだけです（笑い）。しかしすべての人は、自分が失敗すると「何か自分は今まで間違った生き方をしてきたかもしれない」と思って、その自分の体験から学ぼうとします。そういう時に得られる教訓や反省のことを、仏教では「観世音菩薩の教え」というすごく素敵な呼称で表現しています。

このようにして、ある事件から学ぼうとする自分がいて、それに対して教えようとする観世音菩薩が現れる。この二つは一見、別物のように感じられても、教えを理解できる自分は結局、教えの中の真理を知っているのだから、両者は相即不離《そうそくふり》の関係にある。つまり、すべての人は皆、観世音菩薩によって救われるということは、すべての人の内部に観世音菩薩の教えに感応するもの——神性・仏性があるということである。だから、どんなに〝敵〟のように見える人でも、それは自分の表現の不完全な部分を指摘して教えてくれていると気づき、感謝して正しい表現をし直したらいい。あるいは、もっと表現に磨きをかけたらいいのです。これは、本当の意味での〝悪〟や

〝悪人〟はないということでもあります。

私たちは現象世界では失敗もします。しかし、そういう失敗しているものばかりを見つめていたら、それが本物の自分だと誤解してしまう。あるいは、それが世界の本当の姿だと勘違いする。これは今の世の中の、特にマスメディアの最大の問題点ですね。あそこに悪いことがある、ここにも悪いことがあると言って、私たちが頼みもしないのに、世界中から悪いニュースをかき集めてきて、それをお茶の間で連続放送したり、新聞紙上に一覧してくれる。このようにたくさんの〝悪〟を見せてくれるし、〝善〟に対してはほとんど沈黙しているから、それを通じて社会を知ろうとする人たちは「やっぱり世界はグシャグシャになっているじゃないか」「人間はみな罪人か悪人じゃないか、救いがたいじゃないか」などという印象に包まれてしまう。生長の家は、それをぜひ改めてほしいということを、谷口雅春先生の時代からずっと言ってきている。そして、「日時計主義」の生き方というものを唱えてきたわけです。

これは、人生の失敗を見るのではなくて、成功しているところを見る。悪ではなく善に注目する生き方のことです。それを通じて、この自分の本質が仏であり神の子であるという自覚に近づくのです。さらには自分だけでなくて、他の人もすべての人々が皆、仏であり、神の子であるという〝観の転換〟を図るのです。そうすることで、この現象世界は「唯心所現」の原理が働いて、善の方向へと表現が進行していくことになります。もちろん、善を表現するときには、うまくいかないときもあります。しかし、生長の家ではそういう場合、「実相」と「現象」をはっきり分けるものの見方によって、どんな困難に遭遇しても絶望しないで生きていくことができる。なぜなら、人間は皆、実相に於いてはすでに〝仏〟であり〝神の子〟だからです。

現象世界は実相表現の過程

さて、人生が人間の本質である〝神性・仏性〟を表現する過程であると分かれば、目の前の出来事（現象）の中に一時的に不完全なものが現れることが、さほど気にならなくなります。また、それぞれの表現の過程における素晴らしさを認めることもできるようになるでしょう。そのことを説明するために、植物の一生について五段階に分

けた図を示します。（図15）

この図は、①タネの時、②タネを植木鉢に植えて双葉が出てきた時、③成長が盛んに行われている時、④蕾《つぼみ》から花が一斉に開く時、⑤花が散って実を結ぶ時――の五段階を表しています。一年草の植物だったら、これがその植物の一生です。多年草の植物でも毎年、①と②を除いて、この過程が繰り返されると考えることができます。

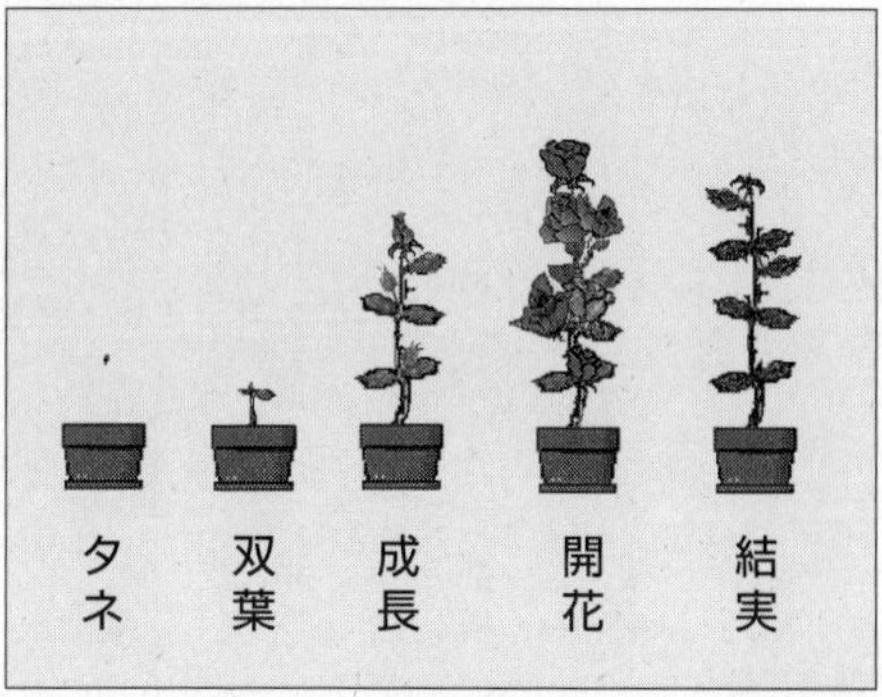

図15

この図を見て、皆さんに一つ質問をしたい。ここに描かれた植物の〝本当の姿〟というのは、①から⑤のどの状態を指すでしょうか？　考えてみてください。花がいっぱい咲いている状態ですか？　しかし、花がいっぱい咲いている状態では、まだタネはできていませんし、よく春先に見られるような生長が盛んな状態は表現されていません。それでは実を結んだ状態の時が、この植物の

〝本当の姿〟を表現しているのかといったら、やはり花の豪華さ、香りや蜜の甘さ、あるいは双葉時代のたくましい生長力は隠されているので、それを〝本当の姿〟と言うことはできません。

これは植物を使った例で、比較的簡単なので分かりやすいと思って紹介しましたが、私たち人間の一生についても、だいたい同じことが言えるでしょう。人間の一生も、多少強引ではありますが五段階に分けて考えることができます。先ほどの植物の一生で使った表現をそのまま援用していま

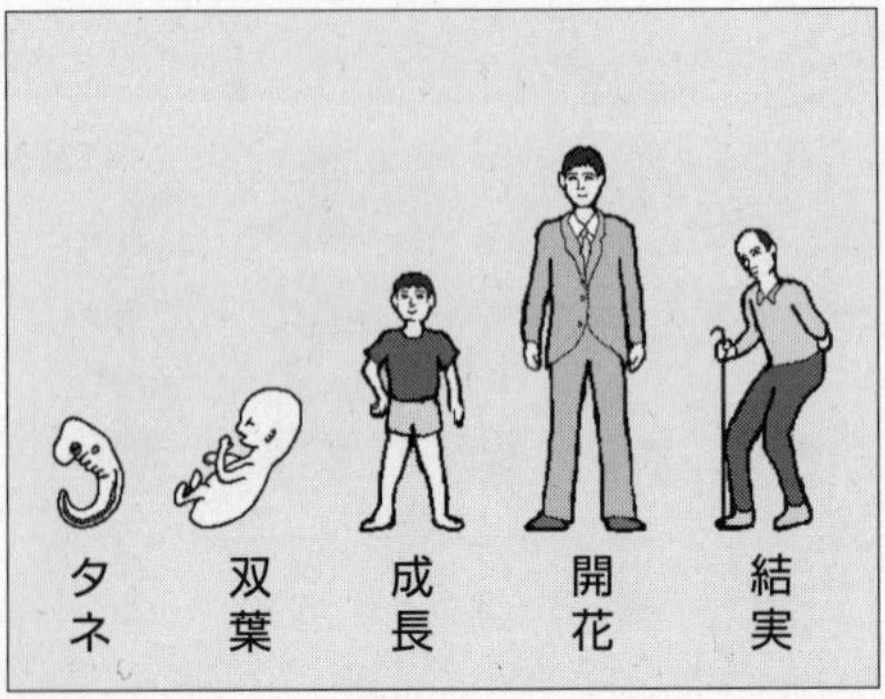

図16

す（図16）。すると、肉体としての私たちの存在を考えると、ごく初期の段階として〝タネ〟のように小さい状態がありました。その時、私たちは皆シッポが生えていたのです。「ウソでしょう！」と仰るかもしれませんが、私たちはお母さんのお腹の中で、受精卵の状態から少し時間がたったころには、皆シッポを生やしていた時期を経験す

るのです。それから、植物で〝双葉〟の時期に該当するのは「赤ちゃん」の時代です。それから、「成長」が盛んな小学生、中学生の段階。そして肉体的には一番力にあふれた「開花」の時期を迎える。その頃は「青年」と呼ばれます。それから先は、人生の「結実」期に向かう。つまり、人格を陶冶《とうや》して精神的に成長する時代です。

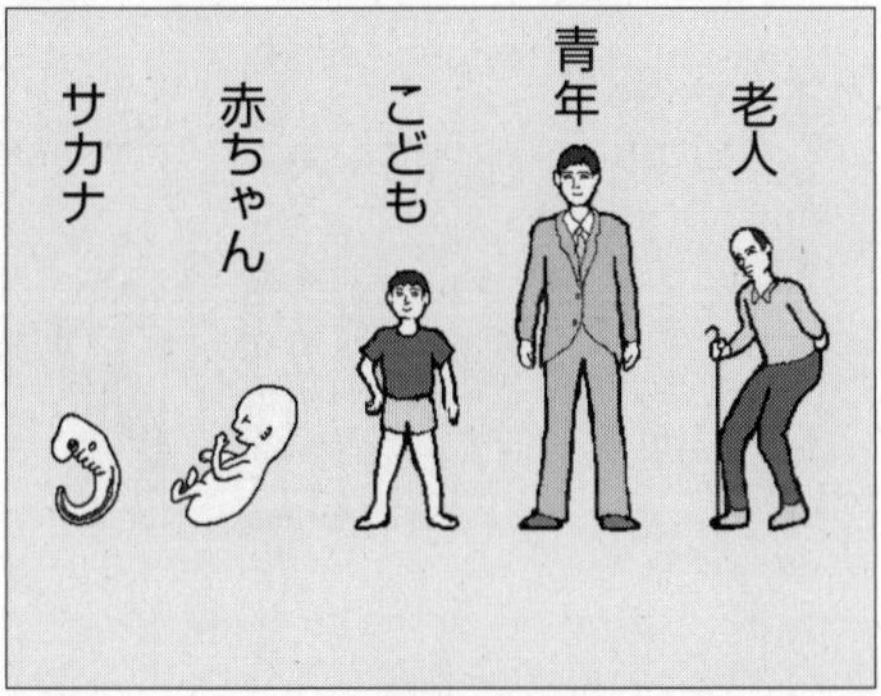

図17

　これらの五段階を、少し違った表現を使って呼ぶと、次の図のようになります（図17）。こちらの方が、普通の呼び方です。しかし、左端にある第一段階の呼び方には抵抗のある人もいるでしょう。でも、「人間は肉体である」と考えるのであれば、我々は肉体的には確かにサカナの形態をしていた時期があるのですから、ここにはわざと「サカナ」と書いておきました。そこで、さっきの植物の一生の時と同様の質問をいたします。皆さん、答えてください。人間の〝本当の姿〟は、この五

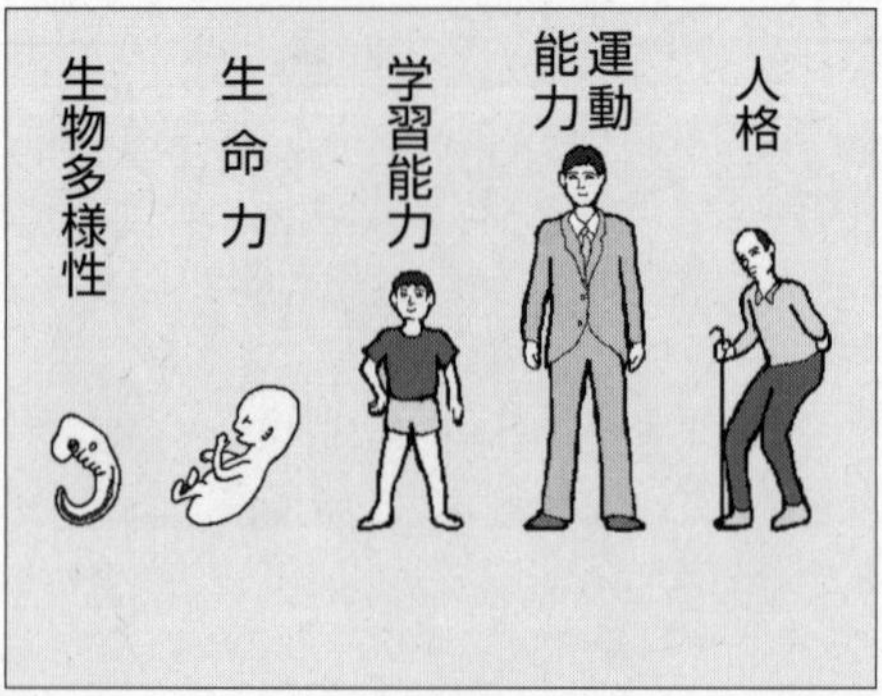

図18

つの段階のどの状態を指すのでしょうか？　どの段階が〝本当の姿〟を最も正確に表現しているのでしょう？　どこにも表れていませんね。植物と同じです。では、〝本当の姿〟はナイのでしょうか？　しかしそれがナイのであれば、これら五段階の状態が表れる原因がナイということになり、論理的矛盾に陥ります。ですから、原因はナイのではない。見えないだけなのです。あるいは感覚できないだけなのです。

その「見えない原因」「感覚できない原因」を考えるには、これらの五段階において、人間のもつ属性のうち何が表現されているかを考えたらいいでしょう。（図18）

我々がお母さんのお腹の中で、シッポを生やし、エラのようなものをもっていた時代は、人間以外の生物も含めた「生物多様性」を表現していたと言えます。それから、赤ちゃんの時代には「生命力」が最も顕著に表現されていました。つまり、この時期に、人間の体は細胞分裂が最も盛んなのです。小学生の頃よりも、二十歳のころよりも、この時期には細胞分裂の速度が急速である。だから、「生命力」が最高度に表現されている。一方、次の段階である小学生の時代は「学習能力」が最も顕著に表現されていると言えます。この時代に海外で生活した人は、二カ国語、三カ国語を簡単に苦労なく習得することができます。そして、青年――二十歳前後の頃には「運動能力」が最高度に開発されていると言えます。今年、ロンドンでオリンピックが開催されましたが、一部のスポーツを除いて、たいていの競技では二十歳前後の青年たちが、世界一、二位を競うことになる。これは、その頃の人間の運動能力が最も開発されていることを示しています。その後、我々は「人格」とか「人徳」というものを表していくことになります。これは、何十年という長い複雑な人生の過程において行われる高度の表現活動です。このように考えていくと、人間の〝本当の姿〟というのは、これら五つのすべてを総合したものと言わねばならず、それら五つのすべてを一時期に表現することは不可能であることが分かります。では、

図19

人間には五つの属性などナイのかといえば、ナイものは表現できないわけですから、そういう五つの属性を持ちながらも、我々はそれらを全部一遍に表現することはできない――つまり、現象界では実相の表現は段階的に行われる――ということに気がつかれると思います。

この図を見てください(図19)。図では下の方に「人間」と書いてありますが、これは人間が土の中にあるという意味ではありません。そうではなく、図の上部と下部を色分けして〝現象の人間〟と〝本当の人間〟を区別するためです。〝本当の人間〟は神の子であって仏であるけれども、それが現象的にすべて見える形で表現されることは、人生のどんな段階においてもないということを示しているのです。どんな聖人でも偉人でも、現象的には――この世にいる間は完全で、完璧な状態はないということであり、また、現象においてどんなにつまらなく見える人でも、その本性が仏であり、神の子でない人はいないということです。この論理は分かりますか？　「人間」の場合で考えると難しいと思う方は、前に使った「植物」の例で考えると分かりやすいでしょう。さらに、このことをもっと簡潔に表現すれば、月はいつも満ちたり欠けたりしないけれども、表面的に、地球から見える姿はいつも満ち欠けをしている（図20）――という喩え話に置き換えることもできます。「本当の月」が実相であり、「見かけの月」が現象です。この「現象と実相」を分ける考え方を、皆さまにはぜひ理解していただきたい。そんな見えない「実相」などナイと言わないでください。確かにあるのです。目の前にある。ただ、我々の感覚には感じられないだけです。こういうものの考え方が生長の家の教えの基本であります。

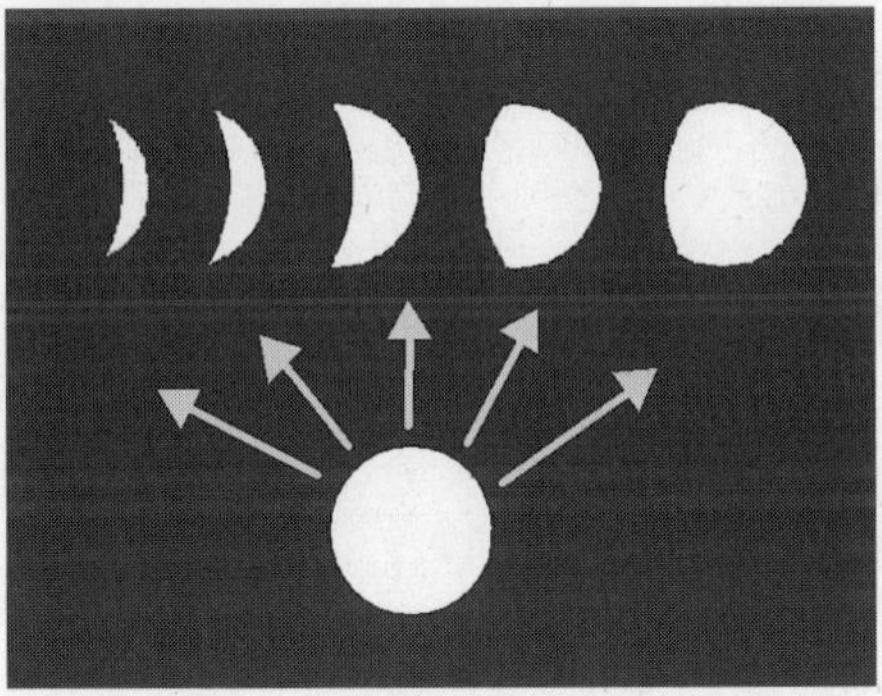

図20

各宗教が共存する道──万教帰一

それでは最後に、三番目の教義である「万教帰一」についてお話ししましょう（図21）。これも、漢字の意味を考えながら上から下へ読むと、意味が何となく分かると思います。生長の家では「万《よろず》の教えは一つに帰る」と説いています。しかし、まず誤解していただきたくないのは、この言葉から連想して、生長の家はすべての宗教をみんな生長の家にしてしまう。つまり、宗教統一運動であると考えないでください。私たちはそんなことは全く考えていません。むしろその逆で、各宗教の文化的特性を尊重する運動です。「万教帰一」という言葉は、下から上方向に見ていただいて、「一」から「万」が発展したと考えるのです。

皆さん、宗教は何を説いているかを考えてください。やはりこれは「真理」を説いていると考えざるを得ない。宗教の教えはベラボーな嘘であるという考え方が一部にはあるようですが、少なくとも私はそうは思わない。そう思っていたら、こんな仕事はできません。真理を説いているのです。そして、「真理」というものは、たくさんの種類が相矛盾して存在するはずがないのです。違いますか？　物理学や数学の分野では、真理はどんな国で、どんな時代に遡《さかのぼ》っても、一つの同じものです。万有引力の法則は、ニュートンが生まれる何十万年前も、さらには人類が地上に出現する何十億年前にも、同じ一つのものがあって宇宙を支配していたのです。しかし、それが地上で今、説かれる場合、各国の文化と伝統を通して、それぞれの国で少しずつ違う説き方がされていることでしょう。簡単な例で言えば、私たちは学校で日本語で説かれた物理学を学ぶけれども、海外ではそれぞれの国の言語で、それぞれの方式で物理学を学ぶ。それに対して、誰も異議を唱えません。なぜなら、「真理そのもの」と「真理の表現」は違うということを、誰でも知っているからです。数学や物理・化学の

万《ばん》教《きょう》帰《き》一《いつ》

図21

ようないわゆる"純粋科学"では、それが常識です。

ところが、宗教や哲学のような人文科学の分野になってきますと、どうも「真理は数多くある」と考える傾向が強くなってしまう。つまり、キリスト教で説いている真理と、イスラームで説いている真理と、仏教で説いている真理は、それぞれまちまちだと理解する人々が多いのであります。これを突き詰めていけば、「宗教は真理を説いていない」ということになってしまう。理由は、先ほど言った通りです。真理は、時間的にも空間的にも共通していなければ——言い換えると、時間的、空間的な移動によっても変わらないものでなければ、「真理」の名前に値しないからです。それは、私たちが、航空機や自動車に乗って移動する際、国境を越えたとたんにエンジンが故障することがないのと同じです。航空機や自動車は物理化学上の真理（法則）にもとづいて設計され、造られているから、決してそういうことはない。だから、私たちは安心してそういう交通機関を利用できる。

ところが、宗教上の事柄になると、国境を越えて別の国に入ったとたんに、別の規則にしたがわねばならないと考える人々がいる。そういう人々に言わせれば、その理由は「その規則が真理だから」というのでしょうが、国境を越えたら変わる真理など、真理ではないのです。それは単に文化の違い、風習の違い、習慣の違いでしかない。それらを真理と混同して、他人に強制しようとするところに、現代の宗教上の悲劇がある。

ご存じのように、今世界では、国際化・グローバリゼーションの波が急速に各国の隅々まで押し寄せています。こんな世界の中で、数多くの宗教の信者が、自分たちの信ずる真理は、他の宗教の真理とは異なるとか、異教徒の信仰は間違っているから排除すべきだなどと考えると、一体どうなるでしょうか？　各地で宗教対立が起こり、結局、信者の数が多い宗教が国や世界を支配すべきだという考え方が生まれるでしょう。そして、それを嫌がる人々は皆、武器を持って抵抗することになる。そんな馬鹿げたことはない。宗教はもともと、人々が心の平安を得るために、人々を幸福に導くために生まれたはずなのに、対立の原因、闘争の推進力になってしまう。しかし、原理主義の台頭によって、残念なことに、現在はそういう側面が現れてきているのです。でだから、生長の家は、特に「真理は一つである」ということを強調しています。

は、なぜ世界にはこんなに多くの種類の宗教があるのか？　それは、「真理そのもの」が数多くあるのではなく、「真理の表現」が数多くあるからです。この違いは大変重要です。これまでの人類の歴史を振り返ってみましょう。地球上には、太古の昔から、数多くの種類の特徴ある自然環境が豊かに存在していました。そこで生活してきた人々は、たくさんの異なる文化を生み出し、子孫に伝えてきました。文化の中には言語も含まれます。宗教の教えは、そういう文化を通して説かれ、表現され、それぞれの特徴ある言語を介して発展し、仏典や聖書、コーランなどの「教典」が編纂されました。その当時、また、産業革命が起こる前までは、人類は長い間、特定の自然環境の中で小規模な社会を構成し、他の地域とは基本的に分離して生きていたのです。そういう人々のために説かれた宗教の教えは、当然のことながら、その土地の自然環境や文化・習慣に合致するように説かれ、それによってその土地の人々の生活の支えとなってきました。「真理そのもの」は一つであっても、多様な環境で、多様な生き方をする人々に対して、心の底から受け入れられるためには、「真理の表現」は多様に展開していく必要があったのです。こうして、一つの真理がたくさんの宗教として展開してきているのです。

しかし、二十一世紀初頭の現在は、ご存じの通り、国際化、グローバリゼーションの時代で、地球上のすべての人々の意識が〝統一〟に向かって進んでいるのであります。この有力な手段となっているのは、マスメディアや、通信技術の発達、交通機関の発展による人・物・金、そして情報の大量かつ急速な移動です。

これらの技術革命、情報革命によって、私たちの家の茶の間には地球の裏側の情報もたちどころに伝わってくる。しかも、鮮明で大きな映像とリアルな音声によって……。また、情報の送り手も、かつては大規模な組織と設備をもった少数の放送局や新聞・雑誌社であったものが、今では、中東やアフリカの奥地までスマートフォンが普及し始めているから、ほとんど無数の無名の人々がインターネットを通じて情報発信ができるのです。こういう環境の中で、すべての宗教はバラバラであるという考え方では、人類はやっていけないし、平和の実現は無理なんです。そんなことは歴史に逆行することになる。

生長の家は、様々な形に発達してきたいろいろの宗教の中に「共通点」を見出し、さらにそれらの共通点と「一つの真理」との関係を明らかにし、それらを多くの宗教が承認することができれば、宗教共存の道が開けると考えています。その際、各宗教のもつ特徴や個性については、それぞれの宗教の発展過程で生まれた文化的違いであると考え、否定するのではなく、互いに尊重することで人類の文化の多様性と豊かさを維持することを目指します。これに対して、その逆をやっているのが「原理主義」といわれる傾向の人々であり、文化や宗教の多様性を認めないのです。これは戦争への道につながるものですが、その話を始めると長くなるので、この辺でやめておきます。

「人間・神の子」の教えは、仏教やキリスト教にもある

さて、「真理は一つ」というお話をしましたが、「万教帰一」の考え方はそれだけを言っているのではなく、「真理の表現は多様」であることも強調しています。その例を具体的に申し上げましょう。

生長の家で最もよく聞かれるのは「人間は神の子である」という教えです（図22）。

また各地で行われている練成会などに行くと、この表現を少し変えて「人間は無限力だ」という言葉をよく聞きます。しかし、この表現は、文字通りの解釈では真理とは言えない。つまり今、現象的な我々一人一人は無限力ではありません。なぜなら、皆さんは今、鳥のようには空を飛べないでしょう？　どんなに腕と手を振ってみても、空を飛ぶことはできません。では、空を飛ぶときはどうしたらいいですか？　それは、例えば関西空港へ行けばいい。そこに何があるかといえば、人類がこれまで研究と実験を重ねて開発してきた技術の先端である「航空機」というものがあって、それを使えば空の一部を飛ぶことができる。けれども、航空機では、まだ宇宙空間を自由に飛ぶことはできない。

人間は神の子
人間は無限力

図22

　つまり、ここで申し上げたいのは、宗教上の真理というものは言葉で表現されることがほとん

即身成仏

図23

どですが、この言葉による真理の表現は完全ではないのです。言い換えれば、文字通りの解釈によっては真理は伝わらないのです。「人間は神の子である」という教えもその例外ではなく、文字通りにそれを捉えると誤解される可能性が大きいのです。この教えの意味は、「現象的には人間にはすべての神性が一度に表れないけれど、人間の本質として神のような万能性が宿っている」ということです。その万能性は、しかし個人が一代で表現できるものではなく、国家が百年で表現できるものでもない。人類が協力して何百年、何千年の研究と努力を積み重ねれば、航空機や宇宙船が開発できる。そういう優れた本性をもっているのが人間であり、それを「無限力」とか「神の子」と呼ぶのであります。

そんな教えは、他の宗教では説いていないと仰る人がいるかもしれないけれど、表現は違っていても、仏教でも同じ意味のことを説かれていると私たちは考えます。それが「即身成仏」という有名な言葉で表現されている（図23）。この言葉にはいろいろな解釈がありますが、生長の家では、「この身このまま成れる仏である」と読み、そのように解釈する。人間には皆、無限の潜在能力が宿っているということです。そして、日本に伝わった大乗仏教のうち天台の教えなどでは、人間だけではなくて、自然界全体を皆、「仏」として見ています。「山川草木国土《さんせんそうもくこくど》悉皆成《しっかいじょう》仏《ぶつ》」という言葉がそれを表している（図24）。これは結局、自然界すべてのものが「成れる仏」であるということですから、生長の家の「唯神実相」の教えと意味は変わらないと、我々は考えるのです。ただ表現の仕方が違うだけである。

山川草木国土
悉皆成仏

図24

同じようにして、キリスト教の教典である新約聖書の『マタイによる福音書』第二十三章九節には、イエスが人々に教えを説いたその言葉が記録されていて、そこにはこう書いてあります――

地上のだれをも、父と呼んではならない。あなたがたの父はただひとり、すなわち、天にいます父である。

これは、イエス自身の言葉として記録されているのですから、重要なはずです。ここで「あなた方の父」とイエスが言っているのは、我々のような普通の人間の父親を指している。だから、この教えの意味は、「皆さんのお父さんはただ一人いて、それは天にいます父である」ということです。皆さん、これをどう思いますか？　「そんなことはない。うちのお父さんは今、家でテレビ見ているよ」とイエスに反論しますか？　イエスが「天にいます父」と言えば、それは「イエス自身の父」つまり「神」のことしか指さないでしょう。だから、すべての人間に対して、イエスは「人間は皆、神の子ですよ」と説いたことになる。その証拠が聖書にきちんと載っているのです。でも、多くのキリスト教の指導者は、「イエスは確かにこの時は、そう説かれたかもしれないが、別の時には違うことを説かれている。ここでもあそこでも別のことを言われた」などと言って、解釈によって別の意味を付加したり、重要性を認めなかったりして、現在のようないろいろな宗派に分かれてしまった。

このようにして、生長の家では各宗教にある〝共通した教え〟をしっかりと把握して、宗教間の合意を目指すのです。それができれば、信仰者は別に宗旨を変える必要はない。今のままのキリスト教徒、仏教徒、イスラーム教徒、ヒンズー教徒……などとして、そのままの宗教に属しながらも、基本的には「同じ信仰の仲間である」という意識を目覚めしめる。これからは信仰者はそういう道を歩んでいかなければ、このグローバル化の進んでいる世界に平和は永遠に来ないと考えます。そして、そういう考え方を広めることを「国際平和信仰運動」と呼んでいます。国際平和を信仰によって実現しようというわけですが、今はその逆が行われている。国際紛争が信仰によって持ち来されている。これではいけません。ぜひ「万教帰一」の考え方を広めることで平和な世界を実現したい。そういう願いをもって私たちは運動しているのであります。

それでは、いろいろと説明不足のところがあるかもしれませんが、時間が来ましたので私の話を終ります。ご清聴ありがとうございました。（拍手）

（二〇一二年三月二十五日、大阪城ホール）

第二部　人々の質問に答えて

唯神実相について

なぜ神は完全だと言えるか

Q 生長の家では、「神は完全であり、神の創造された実相世界は完全である」と言われます。しかし、「神」という概念は、不完全な人間が創造したものと思います。そうすると、神と神の世界も絶対的に完全なものとは言えないのではないでしょうか？（六十歳・男性）

A この質問は、趣旨が少し分かりにくいんですけれども、「神という観念は人間が創ったものだから、神は完全とは言えないだろう」ということでしょうか。なぜそうなるかと言ったら、人間は不完全だからだ。不完全なものが考えた完全は、絶対的完全ではない――そういう意味の質問だと理解しました。

しかし、生長の家は、むしろ逆の方向から考えるんですね。人間――つまり我々はたいてい「世の中は不完全だ」と不満に思うのです。けれども、ほかの生物はそんなことを思っているだろうか？　動物園にいるおサルさんが、「この世の中は不完全だから改革せんといかん」と言って騒いでいますか？　騒いでないですよね？　そんなことを言っているのは、恐らく人間だけである。どうして人間は「不完全である」ことを気にするんでしょうか？

今、アメリカでは大統領（予備）選挙が進んでいて、「これからのアメリカはこういう方向に改めていこう」と言って、多くの人々が一所懸命に走り回っています。日本でも今日は、京都市長選挙があって、やはり候補者は、「これからの京都はこうでないといかん」と言って、理想像を掲げて頑張るじゃないですか。しかし、人間以外の生物はそんなことをやっていない。

生長の家の考えによると、その理由は、人間にだけ「完全」というアイデア（理念）があるからです。私たちはどんな人でも、心の中の深いところに「完全性」という考えをもっているから、そうでないものを放っておけないわけです。心の中の「完全」という理念と比べてみると、周りの世界はどうも寸が足らない。「あそこが悪い」「ここが欠けている」と感じられて、「どうにか改善しないといけない」という考えが出てくる——こういうふうに人間の〝内側〟から考えてみて下さい。

そうすると、そもそも「完全性」という理念を我々がもっているのはなぜか？　そういう疑問に突き当たるわけです。私たちはお父さん、お母さんのおかげでこの肉体をもって生まれてきているけれども、そのお父さん、お母さんも、この同じ「完全」のアイデアをもっていたし、そのまたお父さん、お母さんも、その先祖も、同じように「完全」を求めて生きていた。さらに、先祖をずっと遡《さかのぼ》っていっても、同じことが言える。そうすると、この「完全性」というアイデアは、我々人間が「誰か」から、あるいは「どこか」から受け継いできたと考えざるを得ない。そうすると、私たちを創造した「神」にたどり着く。「神」という言葉が嫌いだったら、「仏」でもいいし、「第一原因」でもいいです。何か、我々を創造した元の原因がある。私たちは偶然に、ある日突然、何の原因もなく、この世にポッと出現したわけではないのですから……。

そこで、我々の元である神様が、私たちの中に「完全性」というアイデアを埋め込んで創造した。私たちの本質に「完全」というアイデアがある、と言うことができる。ということは、そういう私たちを創造した神が、「完全でない」ことはあり得ない――そういう結論になるわけですね。

選挙の話をしましたが、選挙じゃなくても、例えば、スポーツでも同じことが言える。どうせスポーツをやるなら、「日本一」「世界一」を目指そうと言って、大勢の選手が世界中で努力しているではないですか。これも、人間が現象世界に完全性を現そうとしている有力な証拠であります。野球の選手も、ゴルフの選手も、今の季節ならスキーの競技でも、お相撲さんも……皆、どうせやるなら「完璧」とか「完全」なものを成し遂げようとしている。

そのようにして、人間だけが今の自分のレベルより「もっと上」を目指して一所懸命やっている、サルはやっていませんけれども……。だから逆に「完全」という観念は、私たちがつくったのではない、と考えるわけです。それは、どこか我々の知らないところで生まれて、我々が気づいた時には、すでに心の底深くそれがあった。だから、そういう観念を授けた「原因者」というものは、「神」と呼んでも「仏」と呼んでもいいですが、それがどこかにあるに違いない――そういうふうに考えますから、神と神の世界は、人間が勝手につくったという結論にはならないのです。

人間が勝手につくったものの中に〝迷い〟というのもありますけれども、それは一種の〝影〟ですから、いずれ消える。しかし反対に、人間に元々備わっている「完全性」に対する限りない憧憬の念、熱意というものは、我々本来のものですから、消えることはない。人類の歴史を通じてずっと継続している。だから、それを「わが内に宿る神」といったり、キリスト教では「内なる神」といい、仏教では「仏性」と呼びます。人間には皆、仏性がある。その神性や仏性は、私たちが勝手に創造したものとは考えないということです。

私たち人間には、自分ではどうしても否定できない「内なる理性」とか、「仏性」とか、「良心」とか、そういうものがあるから、その元である〝本体〟に当たるものが、この世界の原因のどこか、目に見えない世界にあるに違いないと考えるわけであります。

「実相」と「現象」の関係を知りたい

（二〇〇八年二月十七日、京都市の京都府総合見本市会館）

Q 現実界と実相界とのつながりがあると信じていますが、具体的にそれを理解できるのはどのようなことをすれば良いのでしょうか？　神想観、先祖供養を行ってもいます。（四十六歳・男性）

A こちら（右側）に「実相」と書いて（黒板に書きながら）、こっち（左側）に「現象」と書きましょう（次頁の図1）。実相は、神の創造された完全な世界ということで、仏教的にいうと「仏の浄土」であります。その実相が本当は在るんだけれども、ふだんの私たちは、こちらの現象というものを頭の中でつくっている。目で見えるものだけを見て、耳で聞こえるものだけを聞いて、鼻で匂うものだけを嗅いで

実相
現象

図1

……そのようにして、脳の中で作り上げた世界を生長の家では「現象」と呼んでいます。この「現象」のことを、普通の言葉では「現実」と呼びます。だから、「現象」や「現実」は、そこに実際に、感じた通りに存在しているようであっても、真実の意味において存在するのは実相だけであり、「現象」とは、それに対する脳の中の一種の〝反応〟みたいなものです。実相のほかに現象という〝別物〟があるのではなくて、脳の中では、実相が現象として把握される——そう言ったほうが正確かもしれません。

だから、「実相」と「現象」は何かこう空間的に存在する二つの別の世界のようには、生長の家では考えない。あえて「空間」という言葉を使うなら、この頭蓋骨の中の〝空間〟で現象や現実がつくられるのです。こうして、心によって現象（現実）がつくられるわけですが、その現象（現実）においても、実相にあるものが間接的に映し出されることがあるわけです。

この「映し出される」という点を説明するのは、ちょっと難しいんですが……例えば、私の手が今ここにあります。（黒板に手を翳して）その手を黒板の近くに寄せると、影を映します（図2）。今、黒板には私の手の影が映っています。なぜか影が二つありますね。これは、会場に大きなライトが二つついているからだと思います。で、「実相世界」と「現象世界」というのは、私のこの実物の手と、黒板に映った手の影のような関係にあるものだと考えてください。これはまあ喩えて言ってみたらという意味です。実際の手が実相だとすると、手の影が現象です。

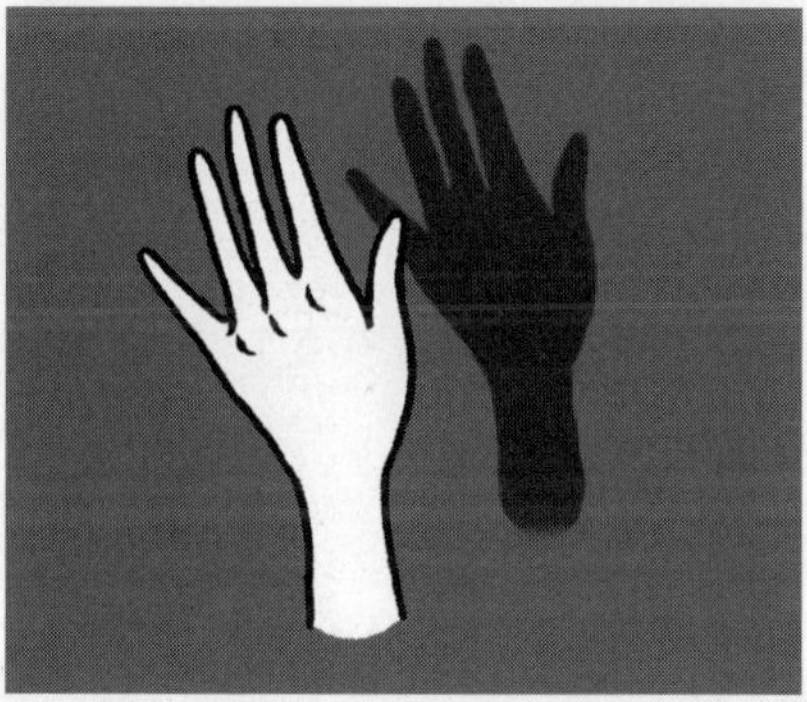

図2

私が何を申し上げたいかといいますと、実相に喩えた実物の手は、こうして色がついていて、厚みがあって、触ったら――私は生きていますから――温かみがある。こういうように、影よりも、もっとたくさんの要素や情報を含んでいるのが実物の手です。それに比べて、黒板に映った手の影は、確かに私の手の形を映しているので、影を見れば、その元である実際の私の手の形が、何となく想像できます。このように、現象世界にあっても、実相世界の素晴らしさが何となく分かるような、実相そのものではないけれども〝実相の影〟みたいなものがある。それを生長の家では「真象《しんしょう》」と呼んでいるのです。「真実のものが映し出された現象」という意味です。それに対して、本当でないニセモノ――真実が欠けて映っているもの――例えば、「光」に対する「闇」のようなものが「偽象《ぎしょう》」です。この会場にも光が当たっている部分と当たらずに暗くなっている部分があります。私たちは、この「暗くなっている部分」を闇と呼んでいるけれども、「闇」というモノがあるわけではない。闇という黒い物質があるのではなくて、光が当たらなくて、暗くなってよく見えなくなっているところを闇と呼ぶだけです。「闇がある」のではなく「闇と呼ぶ」のです。こうして闇が黒く見えるように、実相世界の素晴らしさが何かに隠されて映ってない部分が「偽象」です。「偽りの現象」という意味です。

この偽象とは、具体的には戦争のような人々の争いとか、病気とか、死のことをいう。本当は「死」というモノがあるのではない。それは、「人間は肉体だ」と考えていたら、肉体は死にます。死んだ肉体はある時点から必ず腐っていきます。すると、本当に「死はある」ように見える。けれども、それは光の欠如が黒々と見えるようなものので、人間の死ではなくて、肉体が一度なくなることである。午前中の喩えを使えば、人間にとって肉体は一種の「宇宙服」ですから、人生がひと区切りすれば、〝用無し〟になった宇宙服を捨てて、別のものに着替えるまでの肉体のない状態が、死のように見えるということです。だから、それは偽象なのです。

死は偽象であり、病気も偽象であり、戦争もまた偽象である。しかし、それに対して、人々が幸せに過ごしている姿も〝現実世界〟にはありますから、幸福な家族が団欒《だんらん》で食事をとっているとか、結婚したての夫婦が仲良く歩いているとか……それらのことは真象である。しかし「真象」であっても、それがそのまま天国や実相世界というのではなくて、実相世界にあるものが影みたいに投影されて見えている現象です。先ほど、手の影の例で申し上げましたが、現象は影であって、手そのものではない――そのように理解していただくとよろしいと思います。

実相は無限次元の世界

だから、「現実界」と「実相界」は空間的に別々に存在しているというのではないんです。谷口雅春先生の『生命の實相』やその他の著書には、「無限次元の世界が、実相世界である」というような説明もありますね。われわれが生きている世界、普段から知っている世界は、縦と横と厚みをもった三次元の空間が、時間というもう一つの次元を通して移り変わっていく世界である。これは、脳の中でつくられた世界で「本当に在る」のではない。これを私たちは〝現実〟――現に事実としてある――と考えているけれども、そうではない。それはたった四次元しかないのです。しかし次元は「四つ」と誰が決めたのでしょう。どんどん増やして考えてみる。これは、われわれが頭で考えてもよく分からないんだけれども、理論物理学者の中には現在、十次元くらいまでは数学的に証明できると言う人もいるようです。そして、次元が増えていくと、その世界は、次元の少ない世界よりも自由度が高くなり、矛盾や衝突が減ってくるのです。

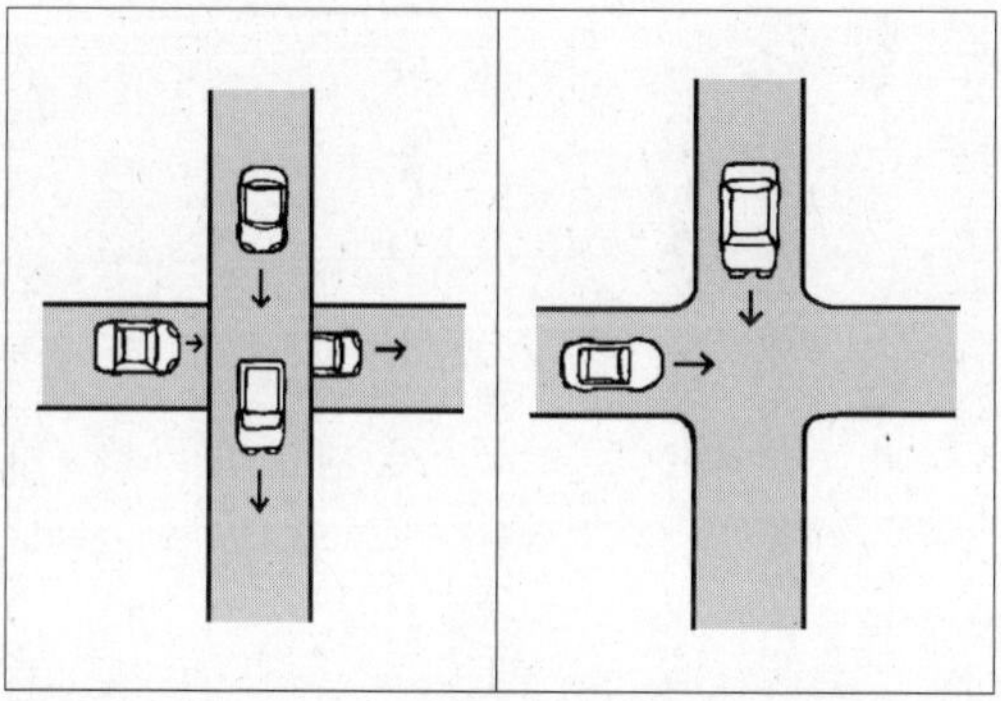

図3

道路にある交差点を例に、説明してみます（図3）。交差点を空の方から平面的に見れば、道路の二つの方向から交差点に向かって自動車が走ってくると、そこでぶつかって交通事故が起こります。なぜそうなりますか？　それは、その交差点が二次元の世界だからです。この交差点を、三次元の立体交差にした場合は、それぞれの方向から自動車がやって来ても、ぶつからないで自由に行き来ができます。ところが、その立体交差であっても、たくさんの車が一時に集まれば、渋滞によって追突が起こるかもしれない。その場合には、もう一つの次元である「時間」の要素を取り入れて、たくさんの車でも、一時《いっとき》に走るのではなく、時間をずらして走ればいい。

こうして次元を増やしていくと、物事が衝突したり矛盾することがなくなってくる。そうすると、「実相世界というものは誰も衝突することのない、共存共栄の世界である」ということが考えられます。しかし、これだけでは何となく分かりませんね。それは、私たちの頭が、三次元から四次元の時空を考えるのに慣らされていて、それ以上のことがうまく考えられないからです。

実相世界と現象世界の間には「つながりがある」というと、何か物理的な〝連絡通路〟があるように聞こえますが、そうではなく、われわれの生きている世界の中で、感動を与えてくれるものは皆、真象である。それが実相と現象の「つながり」といえば言えないこともない。この「真象を認める」という心を養うことが大切です。それをこのあと、お話ししようと思っていました。

これには、〝苦行〟や〝修行〟のような宗教的に何か特殊なことをしなければならないわけでもない。私たちが日常生活の中で、もっと「日時計主義」を生きればいいのです。特別なことをしなくても、少しものの見方を変えてみる。人生のもっと積極的な面に注意を向けてみる。物事を得よう得ようと思わずに、与えてみようと思う……そうすると、人生にはこのままでもいろいろな善いもの、素晴らしいものがいたるところに転がっている。それが見えてくるし、感じられる。今、生長の家では、そういう「真象を認める」活動を日常の中で展開していこうと運動しているわけです。地域での誌友会を活性化して、その中で日時計主義を実践しようと言っています。それには、もちろん神想観や先祖供養などの宗教行によって、「人間・神の子」の意識に目覚めることが重要ですが、意識改革にはいくつもの具体的な実践が伴う必要があります。

そういうわけで、この方の質問にまとめてお答えすると、私たちは、もちろん神想観や先祖供養などの宗教行を行うことは重要ですが、それとともに、現象生活を送りながらも、心は実相世界に焦点を合わせて、「偽象」ではなく「真象」を見て、それを表現する生き方を展開していけば、現実世界と実相世界の〝つながり〟が頻繁に経験できると思います。

（二〇〇八年八月三十一日、北海道滝川市のたきかわ文化センター）

動植物は「神の子」ではないのか

Q 「人間は神の子である」とのお話はよくわかりましたが、動物や植物などの〝生きとし生けるもの〟も「神の子」ではないのでしょうか？（七十三歳・男性）

A 生長の家で「人間は神の子」という場合には、人間は実相において「神の御徳をすべて備えている」という意味です。それに対して、動物や植物は、神の御徳の「一部」を体現している。そこのところが基本的に違います。植物や動物と人間との最も大きな違いは何かと言いますと、それは「自由」です。人間には自由意思がある。「自由意思を許されている」と言った方がいいかもしれません。

例えば、昨日の夕方、この町（山口県周南市）を歩かせていただいたら、樹木が美しく紅葉していて、街路樹の枝や路上が赤や黄色に染まっていました。この多様で微妙な美しさは、神様の御徳を表していると言えるけれども、それは「全部」ではなく

「一部」である。なぜなら、植物には紅葉や黄葉を「しない」という自由がないからです。植物の中でも広葉樹は、四季がはっきりしているところで、温度や湿度などの自然条件が一定になると、紅葉や黄葉をして葉を落とします。それは、ほぼ自動的にそうなる。つまり、自由がないわけです。紅葉するものは、例外なくそうなります。キノコも、ある一定の自然条件になったら、ちゃんと〝頭〟を伸ばしてきますね。

これに対して人間は、確かにある自然条件が整うと、お腹がすいたり、喉が渇いたり、眠くなったりするなど、一定の欲望が出てきます。けれども、その欲望を誰もが例外なく満たそうとするとは限らない。周囲の状況を考えると、欲望を満たすことがマズイ場合もあります。そういう場合は、むしろ自分の欲望を抑えることができるし、それが求められる。つまり、欲望を満たすか満たさないかを決める「自由」があるわけです。

人間に自由が許されていることは、肉体の中を見ても分かる。脳の構造でいうと、大脳の一番外側にある「新皮質」が発達しているのが、人間の大きな特徴です（次頁の図4）。その内側には、「旧皮質」と言われる脳や大脳辺縁系、脳幹などがあって、そういう部分は人間以外の哺乳動物や爬虫《はちゅう》類、両生類なども似た構造です。けれども、それらの〝下位の脳〟から出てくる欲望を、〝高位の脳〟である大脳新皮質がコントロールして、「すべきでない時にすべきでないことはしない」と自ら判断する――そういう自由が許されているのです。

人間は、肉体の内外の環境がある一定の条件になったら、確かに動物と同じように食欲や性欲や睡眠欲が出てきます。しかし、それらは、出すべき時は出すけれども、出してはいけない時には出さないように教えられている。時には、それがうまくできない人もいますが、そうすると問題になります。その人の行動が社会的に「善い」か「悪い」かが問われるのです。つまり、我々には、自由意思を働かせて欲望を制御する能力があり、責任があるということです。だから我々人間は、その自由に感謝して、神の御心を実現するよう

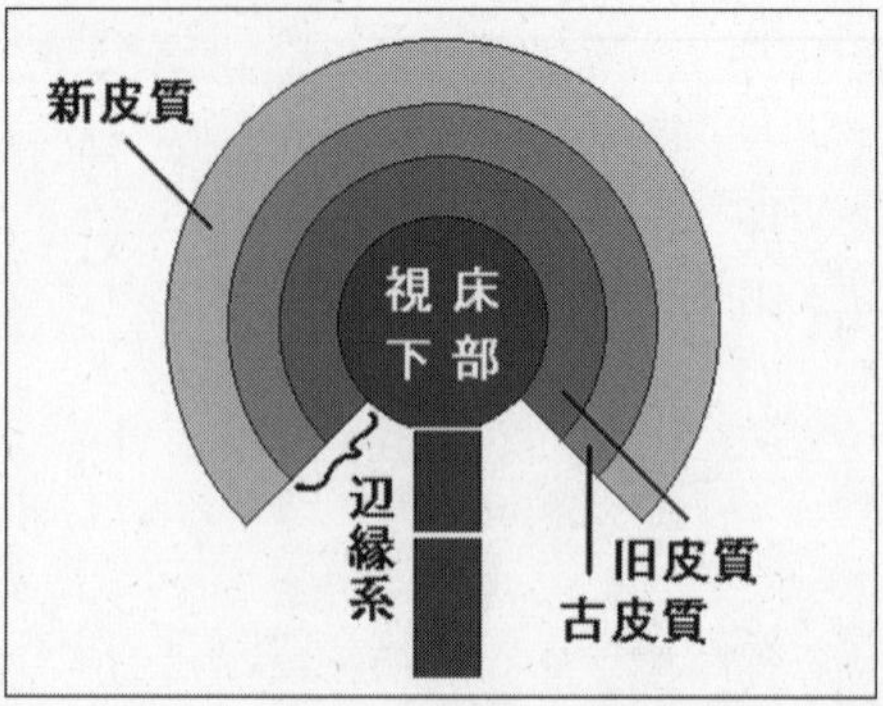

図4

な方向に行使すればよろしいのです。

ほかの動物や植物は、自由意思を働かせて神の御徳を表しているのではなく、遺伝子の中に組み込まれた一定の命令セットに従って自動的に表現しているだけです。人間は、それを自由意思によって制御する。だから、いろいろ考えて、やるべきかやるべきでないか悩むのです。そういう意味では、動物や植物は悩まない。

そう考えると、「悩む」ということは大変人間的な行為であって、「神の子」らしいことかもしれない。別の言い方をすれば「仏であるから悩む」と言えるかもしれない。私は時々、「人間は仏であるのにどうして悩むのか?」という質問を受けるのですが、それに対して私は「仏だから悩むんです」とお答えするのです。ちょっと逆説的な答えですけれども……。自分や他人の行為の「善」と「悪」を人間は真剣に考える。だから「人間は神の子である」といえるわけです。

（二〇〇八年十一月三十日、山口県の周南市総合スポーツセンター）

なぜ「神示」を受けることができるのか

Q 午前中のお話では、不完全な私たちは、完全な神様を見ることも、聞くこともできないというお話でしたが、それならばなぜ、〝神示〟なるものが存在するのでしょうか？（三十代・女性）

A 私が午前中の講話で、「私たちの肉体は不完全だから、それによって神を捉えることはできない」と話したので、それではなぜ、いわゆる〝神の声〟を聞くという「神示」というものが存在するのか？——そういう質問です。

これは、私がちょっと舌足らずのところがありましたので、多少補足して説明いたします。私は、「人間は不完全」と言ったのではなく、不完全なのは我々の「五官」——肉体に付属している目、耳、鼻、口、皮膚——この五つの感覚器官が不完全だという話をしたのです。目に見えない、耳に聞こえない、肌に触れられない、嗅ぐことができない——そういうものが神様である。だから生長の家では、「神様や仏様の像を刻んで、それを拝め」とは言いません。なぜなら、神様や仏様はちっぽけな像の中には入らない、表現しきれないからです。まあ、一種の〝表現のサンプル〟として刻んだものを「仏像」と言いますが、それは一つの表現物として大切にします。しかし、生長の家では、神様の像を描いたり、仏様の像を作ってそれを崇拝することはしない。その代わりに「実相」という文字を書いた掛け軸や額を宗教行事に使うことはあります。

つまり、神様というものは、目で見ることも聞くこともできない。人間の五官では捉えられないものです。しかし、その一方で「神示」というものがあります。「神示」というのは、〝神からのお示し〟という字を書きますね。谷口雅春先生が生長の家を始められてまもなく「神示」が天降ってきたのです。聖経『甘露の法雨』の最初のところに、『七つの灯台の点灯者』の神示」という題で二つの神示(「大調和の神示」と「完成の燈台の神示」)が掲げてある。そのような形でいくつもの神示がありますが、それらは五官によって得たものではないのです。

人間は、五官による以外のものの感じ方ができるのです。午前中の私の話を思い出してください。例えば、「夫の愛を感じる」というのは、これは確かに皮膚感覚などで感じる場合があるかもしれないけれども、それだけではない。「親の愛」や「子供の愛」というようなものも、五官の助けを借りるかもしれないけれど、五官だけによって感じるのではない。それを超えたものがあります。そういうものを通して、私たちは〝本物に触れる〟ことができるわけです。これは、芸術作品にしても同じだし、親子や夫婦以外の対人関係においてもそうであります。だから私が午前中申し上げたかったのは、「神は五官を超えている」ということなのです。しかし、それを言うために「五官は不完全である」ということを強調したので、質問された方は、たぶん、「人間に分からないことが、どうして神示として存在するのか？」と疑問に思われたのでしょう。

私が申し上げたかったのは、「直接的把握」ということです。「神」や「実相世界」を表現する言葉はいくつかあります。午前中には、「知」と「愛」と「命」という言葉を黒板に書きました。それから、また別の場合には「真・善・美」という表現を使うこともあります。こういう言葉で表されているものは、確かに五官を道具（手段）として感じるものであり、それによってかなりの程度を感じることはできます。しかし、最も深いところはやはり、これは直接に感じる以外に仕方がない。私たちは、表現されたそのものを感じ取るのではなく、表現物を「媒介」にして本物を感じ取るのです。例えば、芸術作品でも、私たちは目で見ているようであっても、目で見ていないところがある。その時の我々見る側の〝心境〟の程度や違いによって、同じ芸術作品でも価値が分かる人とそうでない人がおり、評価する人も評価しない人もいる。そういうことが結構あるじゃないですか。映画作品でも、ある人はそれを見て「感動した！」と言うけれども、自分はちっとも感動しなかったということもあります。だから、「ものを感じる」というのは、そこに何か一定の客観的刺激があるから、それを万人の感覚器官が等しなみに把《とら》えて理解する――そんな単純なことではないのです。その〝客観的な刺激〟というのは、一種の「媒介」なんです。それを一種の〝キーワード〟のようにして、その奥まで踏み込むことができるかできないかで、感動が得られるか得られないかの違いが生じることになる。

そして、「神示」というものは、そういう〝向こうの世界〟――「向こう」という表現は少しおかしいですが、つまり「実相世界」からきたメッセージを、谷口雅春先生が、実際は耳で聞いたわけではないんです。聖典でどのように表現されているかというと、「頭の中で声がした」という意味の表現が使われている。それは非常に力強く厳かな声がしたので、その声を書き取られたとおっしゃっています。そのようにして、われわれは五官を超えた世界とのコミュニケーションができる。それは〝六官〟とか〝七官〟とか呼ばれることもあります。「神示」が成立するのは、こういう理由です。私たちが芸術作品に感動するのも、そういうことが原因ですね。直接的把握は、五官を媒介にしているけれども、五官だけを使っているわけではないのであります。

（二〇〇八年十二月十四日、岡山市のコンベックス岡山）

正しい希望かどうかを確かめるには

Q 「希望が実相である」という話は、とてもよく分かりました。①自分の持っている希望が、はたして〝正しい希望〟かどうかを確かめるにはどうしたら良いか、②また、絶望している人に希望を持ってもらうにはどうしたら良いか、について教えて下さい。(三十三歳・男性)

A 『新版 幸福生活論』をテキストに使って希望と実相の話(四二ページ)をしたら、こういう二つの質問が返ってきました。

まず「①自分の持っている希望が、はたして〝正しい希望〟かどうかを確かめるにはどうしたら良いか」という質問ですが、これは、先ほども話した「因果の法則」について思い出して下さい。まず「原因」があり、「縁」――一定の条件が整うと、「結果」が現れるという話をしました。ごく単純化して言えば、希望どおりのことをやっていて〝良い結果〟になったら、それは〝良い希望〟だったということになります。これは一種の結果論になります。

しかし、事前に自分の希望の良し悪しを知っておきたい場合には、やはり、これは神想観と、それを含めた「三正行」（神想観、聖典・聖経読誦、愛行の三つ。一一三〜一一五ページに後述）をされるといいですね。そうして、「自分の中の〝実相〟とは何であるか」を自覚的に知るということがよろしいと思います。そうすると、実相から来ない希望などはだんだん抱かなくなります。

これは『生命の實相』頭注版第七巻（生活篇）にも書いてありますが、神様の御心を生きた時、人間はどんなに自分を与えて、それが他の得になっても、そのために自分が減ってしまうことはない。与えれば与えるほど、生命が湧いてくる。つまり、ある一人の人間の得になることが、別の人間の損になるという、そういう〝ゼロサム〟の関係は実相世界には存在しないのです。

「ゼロサム（zero-sum）社会」という言葉があります。ある人が利益を得ると、その分だけ別の人が不利益をこうむるような社会です。例えば、ある人が、これから「プラス2」のことをしたいという場合に、それが実現すると、他の誰かが「マイナス2」になってしまう。これが〝ゼロサム〟です。「サム」とは「合計する」という意味の英語です。自分にとって得になるものが、別の人にとっては損になるということは実相世界にはないんです。「無限大」であり「無尽蔵」であるのが実相ですから、すべてのものが得をしているのが実相世界です。だから、〝正しい希望〟をもつためには、「私がこの希望を実現した時、だれかが犠牲にならないだろうか？」と考えてみるとよろしいです。誰かが犠牲になるような希望は、たぶんあまり良くない。実相において〝正しい希望〟とは言えない、そういう確率が高いです。

しかし、この「犠牲になる」とか「損をする」ということでも、短期的には犠牲や損になっても、長期的にはそうでない場合もあります。この辺は、なかなか複雑で判断が難しいこともあります。午前中も少し話しましたが、経済上の損得でも、時間軸を広げると、結果が逆転することがあります。例えば、日本は戦後、経済面で西洋諸国より遅れて先進国の仲間入りを果たしたけれども、今や、トップのアメリカから二番目くらいを走っています。その日本経済を象徴するものが自動車産業です。

これは、私が二〇〇九年一月一日のブログ「小閑雑感」（編注・このほか、『生長の家白鳩会』二〇〇九年三月号「変化は不幸にあらず」一四〜二三ページ）でも述べましたが、日本の自動車産業がこれだけ発展し、アメリカを超えるまでになった一つの原因は、日本が「狭くて山がちな国」であるからなのです。しかも石油が出ない。新潟県などで少し出るようですが、実用上はほとんど出ないと言っていい。これはガソリンで走る車を生産する場所としては、本当に厳しく、不適当な条件と言えます。なぜなら、自動車を走らせる道路を整備するためにも、そんな地形の国土ではコストがかかるから、それを得るために石油に高い税金をかけて建設費を捻出してきた。ご存じのとおり、日本でガソリンを買うと、その値段のほとんど半分ぐらいは税金なんです。

けれども、日本はそういう一見〝悪い条件〟の中で、一所懸命に努力した。そして、燃費をよくする優れた技術を開発してハイブリッド車を生産するなど、それら困難な条件を克服してきた。だから、アメリカのように産油国であり——テキサス沖やメキシコ湾では今でも石油が出ます——さらに土地が広くて、従って、ガソリンが安く、道路の建設費も安いという、そういう好条件下で自動車産業を引っぱってきた国を、技術的に追い抜いてしまったのです。そして、石油の値段が上昇して、いったんあるレベルを超えると、日米の立場は逆転しました。

これは、短期的には〝悪い条件〟だったものが、長期的には〝良い条件〟に変わってしまったのです。そのようなこともありますから、「希望を実現した時、だれかが犠牲にならないだろうか？」と考える時も、いろいろな角度から見て判断されるとよろしい。必ずしも、短期的に不利なものが長期的にも不利だとは限らないということです。まあ、そういうことを参考にして、ご自分の希望について考えたらいいと思います。

絶望している人に希望を与えるには

同じ方の質問で、続いてこうあります――「②また、絶望している人に希望を持ってもらうにはどうしたら良いか」ということですが、これは、やっぱり「人間は神の子だ」と伝えていただくのが一番ですね（拍手）。ただ、相手の方が、生長の家をよく知っている人だったら、この言葉は逆に効かない可能性もある。「そんなの知ってるよ」とか、あるいは「知ってるけれども、その意味がよく分からないから問題だ」と言われるかもしれません。けれども、相手の人がどんな心境であっても、また〝絶望的〟といわれても、〝希望〟は常にあります。つまり、「我々人間は神の子である」ということ以上に素晴らしい〝希望の種〟はないと思うんです（拍手）。ですから、そのことをどんどん伝えていただきたい。

まあ、生長の家をよく知っている人でも、「それでもよくわからん」という場合には、生長の家の練成会に誘っていただくとよいかもしれません。頭で理解しているだけではダメな場合がありますから、全心身を使って「三正行」を実践されるのがいいと思います。

（二〇〇九年二月一日、熊本県益城町のグランメッセ熊本）

人はなぜ祈るのか

Q 人間はなぜ祈るのでしょうか？　また、我《が》のある祈りがよくないのはなぜでしょうか？（五十三歳・男性）

A

祈りについて、二つの質問です。

まず、「人間はなぜ祈るのか？」——これは何といってお答えしたらいいでしょうか……難しい質問です。人間はそういう存在なんだと言えますね。私はイヌやネコを飼っていませんが、飼っていらっしゃる方はいかがでしょうか？……イヌやネコがお祈りしている姿を見たことがありますか？　きっとないでしょう。

なぜ人間は祈るのか？　これには、二通りの答えができると思います。一つは、直感的に申しますと、人間というものは、神——自分より上にある存在——を予想する感性が発達していると言えると思います。それを意識的に把握する能力があるのだろうと思います。だから古来、宗教というものがずっと続いてきている。自分よりも上にある何か……「上」と言っても物理的な位置のことではなくて、自分を上回る知性とか能力、感性などが在ることを人間は感じているのです。そういう存在に対して働きかける——コミュニケーションをとる手段として「祈り」があると言えます。ですから、「なぜ？」と訊《き》かれれば、「そこに人間以上のものがあるから」というのが一つの答えですね。

これに対して、人間にとっての「神なるもの」は、幼児期の「親」に対する感情から生まれるので、人間以上の存在など本当はない、という考えがあります。また、この場合、動物にも「親」はいるから、例えばイヌなどは、その「親」への感情を飼い主の人間に投影して主人に仕えるようになる。だから、イヌにとって飼い主の人間は「神」に似た存在と言える――そう考える人もいます。しかし、「親」が神の原因だというのでは、親が完璧な人間でないと気づいた後にも、多くの人間が神を信じ続けるという事実を説明できないのです。

「人はなぜ祈るか」という疑問へのもう一つの答えは、「意思の自由」によるということです。祈りは、意思の自由から生まれるということです。

人間が何かを選択する際には、意思の自由があります。つまり、いくつかの選択肢の中から一つを選ぶ必要が生まれる。この決定が難しい場合、そのためのアドバイスみたいなものを求めて、「祈り」に近い気持が出てくることがあります。「自分は重大な岐路に立たされているが、どっちへ行ったらいいか分からない。ああ神様、仏様…

…」そういう感じです。これは、「自由意思」というものが最も発達した人間に特有の悩みとも言える。その生物学的な根拠としては、人間では大脳の発達が一番顕著であるということです。この大脳の発達により、人間には目的に到達するための過程や方法が、いくつも予見できるのです。

これに対して、大脳があまり発達していない動物では、目的達成のための選択肢は少ない。つまり、そういう動物は、あらかじめ決められたり、学習で得た過程や方法をほぼ自動的に採用するだけだから、選択に迷うことが少ない。逆に人間は、その選択肢の多さの前で、脳が一種の〝アイドリング状態〟になる。これは、自動車の運転に喩えているわけですが、ギア・チェンジを自分の意思で行う前の、何もしない状態が生まれる。そこから「祈り」に似た感情が出てくると解釈できるかもしれません。

〝我のある祈り〟が成就しない理由

それから、生長の家では「我《が》のある祈りはよくない」とよく言います。「我のある祈り」とは、自分勝手な祈りのことです。自分さえよければ、他のことはどうでもいい——そういう祈りがなぜよくないのかといえば、それは、「実相」でないからです。午前中の講話の中で「実相がある」という話をしました。「実相」とは、神の創造された世界のそのままの姿であって、そこには欠陥や不足はない、別の言い方をすると、すべての存在は調和しているのです。利害がぶつかり合って、お互いに犠牲を出し合うようなものはどこにもない。それは例えば、人間は一見死ぬように見えているけれども、それは本当の死——個性の消滅——ではない。しかし、肉体としての個人が死ぬことによって他が生きてくるというような、全体では調和した姿があっても、個人にはそれがなかなか理解できない。認識能力に限界があるからです。そこから「我のある祈り」が出てくることが多い。

私は「実相」が現象的にも現れてくるための一つの手段として、「祈り」があると思うのです。現象を見て、ある人と人が衝突していたり、社会の中で争いがあったり、交通事故があったり、自然界で何かがぶつかり合っているような状態を人が認めると、それは〝不調和〟ですから、人間はそれに不満足を感じるわけです。「どうにかしたい。

あそこを何とか直したい。正しくしたい」。──そういう時に、「祈り」というものが生まれることがある。例えば、「科学技術によって社会をよくしよう」という考え方も一種の〝祈り〟といえば、言えないこともない。科学者が一所懸命、ある問題をどうしたら解決できるかを考える。その結果、生まれたものが科学の理論とか技術である。そう考えると、「科学も祈りである」と言えるかもしれません。

しかしその場合に、「自分だけが得する祈り」というのは、実相世界の大調和と基本的に矛盾するわけです。それは例えば、核兵器を開発して敵国を消滅させたいなどと考えることです。また、自分が得してあの人が損をすればいいとか、ある生物が絶滅して人類だけが繁栄すればいいというような考えは、現象の矛盾だけを見ているのであって、実相を見ていない。こういうのが「我のある祈り」です。

そういう祈りは、「実相」を持ち来すのではなく、自分の繁栄のみを他の犠牲において実現したいという祈りですから、これは、〝本来は無い〟ものを求めていることになる。〝本来ある〟のは実相ですから。実相でないものを求めても、それは出てこない、実現しないということになります。

祈りにもいろいろな種類があって、俗に「祈り殺す」とか「呪い殺す」という言葉が使われますが、そういう祈りは「我のある祈り」の最たるものであります。自分の意思を通すために犠牲を生み出そうという試みは実現しないし、仮に実現したように見えることがあっても、それはすぐに揺れ戻しがくる。「殺すものは殺される」という法則が働いて、祈った本人に害が及ぶことになるでしょう。9・11の事件などが、そのことを示しています。

だから、〝最もよい祈り〟は実相を祈ることです。自分の希望を祈るのは悪いことではありませんが、それは時に実相と矛盾していることがあります。つまり、その希望の実現によって誰かが、また何かが犠牲になる場合がある。ですから、生長の家がお勧めしている祈りとは、「私の希望が実現すれば、自分が素晴らしくなるだけでなく、すべての人や生物が喜び、大調和の状態になる」というイメージを心に描くことであります。これが「実相を祈る」ということです。しかし、その場合でも、〝自分の希望〟が不完全で――つまり、考えが浅かったり、部分的であったり、誤解にもとづいている可能性はあるのですから、「この希望が神様の御心に適《かな》うならば」という、自我に執着しない「放下《ほうげ》の心」を表明するのが正しい祈りですね。「神の御心に適う」というのは、大調和を実現する方向に動くということです。他の人が犠牲になったり、親が悲しんだりするようなことは、祈っても実現しないことがあります。だから、「すべてのものの調和が実現する」方向へ、「実相が顕現する」方向へと自分の心を調律することが、祈りの効果を大きくする大切な要素になります。

（二〇〇九年十月四日、小樽市民会館）

現象の「悪」にどう対処するか

Q 日頃、疑問に思っていることを質問させていただきます。我々は現象の中で生活していますが、ともすると「実相、実相」といって実生活から遊離しているように思われる人が見受けられます。それでは現実処理ができません。学問も医学もそのために日々努力していると考えます。現象の中の「真象」の生き方を具体的に

教えてください。（六十七歳・女性）

A　質問の意味が今ひとつ明らかでないのですが、用語から見て、この方は多分、現象には「真象」と「偽象」があるということをご存じであろうと思います。午前中に私は、人間の心の奥には実相世界からのメッセージがある。それを生長の家では「神の子」とか「仏」と呼んでいて、そのメッセージを現象世界に表現するのが人生の目的であり、そのために私たちは肉体をもっているのだという話をしました。

私たちの周りの現象世界は、その表現の過程であり、一種の〝舞台〟でありますから、そこには実相世界のメッセージを含むものと、そうではなくて現象の中で私たちが仮に作るいろいろな「感情」とか「ものの見方」とか「思想」とか――本屋さんで本を開くとそんなものがいっぱい出てきますが――そういう我々が心の中で実相とは関係なく、あるいは一部関係しながら作ったものもたくさん現れる。それを私たちは〝悪いもの〟とか〝良いもの〟として感じるわけです。

実相は善一元――つまり、善しかない。もともと善である。けれども私たちが、その本来の姿を肉体を通して知る世界に形で表現するときには、必ずしもうまくいくとは限らない。絵描きの喩えを使えば、間違った場所にインクや絵の具を置いてしまったりすることがある。あるいは演奏家の喩えを使えば、演奏する曲（実相）は間違っていなくても、練習不足の時には外れた音を弾くこともありうる。そういう〝間違った表現〟というものを生長の家では「偽象」と呼んでいる。現象の中の「偽りの象《かたち》」です。それに対して真の象というものもある。これが質問の中に出てきた「真象」という言葉が意味するものです。現象の中で、実相世界からのメッセージが正しく表現されている部分を「真象」と呼ぶわけです。それを、普通の日本語で「よいもの」と呼ぶ場合もある。世の中には「よいもの」も「悪いもの」もあるとよく言いますが、ごく単純化してしまえば、よいものが「真象」であり、悪いものが「偽象」です。

だから、現象を認めて問題にすることそれ自体は、生長の家では否定していません。それは絵描きが、自分が描き損じた箇所を見つけて「ああ、ここを描きなおすべきだ」と感じるのと同じです。その場合、描き損じた箇所を自分で壊してグシャグシャにするような絵描きは、どこにもいません。そんなやり方では、満足な絵は描けないでしょう。悪現象に対処する仕方も、同じです。生長の家では「日時計主義の生活」をしようといっています。あそこに悪い人がいる、交通事故がある、震災がある、人々が死んでいる、盗みがある、汚職がある、テロがある――これらはすべて「偽象」を指しているのです。本当の世界（実相）には存在しない一時的な失敗状態ですから、それを「本物だ」と認めるなということです。

目の前にあるものを〝本物〟とか〝本当の存在〟だと認めると、そこには「悪」という何かケシカランものが厳然としてあるという考えに陥りやすい。そうすると、その「悪」に向かって「破壊しよう」という感情が起こってくる。憎しみがわいてきて、それを攻撃することによって何かが解決すると思う。しかし、そんなやり方では問題は解決しません。9・11以後、アメリカが二つの国を徹底的に武力攻撃しましたが、それで何かが解決したでしょうか？　何も解決していません。それと同じことです。

我々もそういう間違いを起こすことがあって、「偽象」を本当の存在だ、本物だと思うと、それを攻撃し、破壊しなければならないという〝憎しみ〟に捕らえられてしまう。それをやると、現象はどんどんグチャグチャになっていきます。なぜかといえば、

「悪」だと思われた人の立場に立ってみれば、攻撃を仕かけた方が「悪」なんですよ。だから、「善」と「悪」というものを認めたとたんに、「善」と「悪」が現象においてまるで本物のように見え、動き出す。こうして、もう相手を破壊するまでは止まらない争いになってしまうことが多い。

だから、生長の家ではそんなことをしたらダメだと言います。本当にあるものは実相世界で、それはすでに完全円満なんだから、「偽象」に注目するのではなくて「真象」に注目していけば、それが徐々に表現されていく――そう考えます。人々の良い点や社会の良い方面に心を向けるのです。失敗しているところではなく、成功している点を認める。それから例えば震災でも、震災は「悪い、悪い」とばかり言わないで、良い教化《きょうげ》もあるんだという話をしましたね。そういう善のメッセージを認めて人々に伝えることによって、本来無いものは消えていってしまう――こういう考え方をお勧めしています。

さらに別の喩えを言えば、悪とは「闇」みたいなものです。この世界には「闇」という物質は存在しませんね？　光はあるけれども、光が十分当たっていない部分が黒く見えている――それを「闇と呼ぶ」だけである。「闇」が存在しているのではなく、「光の非存在」の状態をそう呼ぶだけです。それと同じように、「悪」というものは本当に存在するのではなくて、善が十分表現されていないところをそう呼ぶのである。悪は「善の非存在」の状態だから、何かがそこに存在するのではない。だから、「悪い、悪い」といってそれを攻撃しても、何かがなくなるのではなく、別の悪い状態が現れるだけだ。そうではなくて、そこにある善を引き出し、別のところにある善も拡大していったら、そのうちに悪はなくなっていってしまうというのが生長の家の考え方なんですね。

ですから、現象の中で「真象」を生きるということについて生長の家でお勧めしているのは「日時計主義」の生活です。これは現象の中の「真象」を認めて、それを表現し、拡大していく生き方です。具体的にどうするかということは、私の書いた『日時計主義とは何か？』や『太陽はいつも輝いている』の中に詳しい説明があるので、そちらを参照してください。こういう生き方を多くの人々が進めていけば、日本社会はもっともっと素晴らしくなっていくと思います。

（二〇一一年十月二日、茨城県のつくば国際会議場）

実相を観るための方法

Q 実相を見ることの大切さは分かりましたが、若い三十代の私にはどうしたら見ることができるか分かりません。具体的に教えてください。（三十四歳・男性）

A この方法については、生長の家で決まった用語がありますので、ぜひそれを覚えてください。実相を見るための大切な行事は「三正行」と呼ばれています。三つの正しい行いです。

一つは「神想観」を定期的にきちんと実修することです。神想観とは生長の家の瞑想法です。瞑想をして実相世界を心の中にしっかりと認め、把握するという行事であります。これが基本となります。

それから、生長の家で「聖経」と呼ばれている自由詩や、真理の言葉が説かれた書物を読むことです。瞑想というものは、どちらかというと感情的に真理に近づこうとする努力です。しかし、「本を読む」という精神活動は、感情というよりは理性によって真理に近づく努力で、どちらも必要です。今流行の言葉でいうと「瞑想」は右脳的なアプローチで、「読書」は左脳的なアプローチです。人間には右脳も左脳もありますから、どちらの方法も必要である。

それから、三正行の三番目は「愛行」です。これは、前の二つが主として〝心の中〟〝頭の中〟で行われる真理探究ですが、それだけでは、一人の人間の頭の中の活動に留まってしまう。それでは足りないから、〝頭の外〟――つまり他者に向かって身体全体を使って愛の行いをしましょうということです。他者に対して愛を行じれば、相手が喜んでくれますから、「自分」を超えた真理の広がりが実感できるのです。人間は孤立した存在ではなく、他者との交流や一体感の中に本当の人間の喜びや存在の意義がある――それを頭で理解するだけでは不完全で、実際に体験することによってより深く「実相を観る」ことができる。これによって我々の認識が〝深まる〟と同時に〝広がる〟ことになるわけです。

ですから、この三正行の実践は実相を観る練習だと考えてください。それは「実相を体験する」といってもいいかもしれない。「完全な実相」の体験ではないかもしれないけれども、「実相に近づいた」という実感を得ることができるようになるので、ぜひこれを継続的に行ってください。

（二〇一一年十月二日、茨城県日立市のゆうゆう十王Ｊホール）

唯心所現について

神はなぜ有限の世界に人間をつくったか

Q 〝唯一絶対〟の神様が、どうして有限の世界に人間をつくられたのでしょうか。そして、人間は神の子であるのに、どうして病気や争いを心に描いてしまうのでしょうか？（二十九歳・女性）

A 二つの質問です。一つ目は「有限の世界に人間をどうしてつくられたのか？」という質問です。私は、午前中、舞台俳優の話を喩えに使いましたが、この喩え話は理解が難しいかもしれません。私たちは実相世界においては、この俳優のようにいろいろな役柄を演じる潜在能力をもっている。その俳優さんが舞台の上にいて、あるいは映画の中にいる場合、これを私は現象世界の出来事に喩えた。この人は、ある配役をもって生まれ、現象界に登場して生きている。それは、自分で選んでやっていることです。

この方の質問は、「〝唯一絶対〟の神様が、どうして有限の世界に人間をつくられたのでしょうか？」というものです。けれども、私は、「神は現象世界に人間をつくった」とは言いませんでした。そうではなくて、「もともと実相世界しかない」という話をしました。しかし、この方は「いやこの世界はある」と思っている。だから、「有限の世界に人間をつくった」という質問になる。しかし私は、「有限の世界はナイ。実相世界がある」という話をしたのです。だから、神の創造された実相世界に、人間は今も神の子、仏として存在しているのです。どこか別の所にいるのではないのです。

私は、今、現象的にも舞台に上がっていますけれども（笑い）、皆さま方も、それぞれが心で描かれた人生の舞台に上がっていて、それぞれの役を演じている。この方は、「神は舞台上の配役をどうしてつくったか？」とおっしゃいますが、神様は配役はつくっていない。それは、例えば「私は、ロミオとジュリエットの中のロミオになります」と私たちが自分で決めて、それを演じるのです。「ロミオの配役を演じる」と決めるのも自分であるから、ロミオとしての人間を神が創ったのではなくて、「自分がロミオを演じよう」と決めて舞台に上がっている——それは現象世界のことです。しかし、その時にも俳優はロミオとは違う人格と社会的立場をもっている——これは実相世界のことです。だから、神様が現象世界に人間をつくったのではなくて、我々が自分で現象上の配役を作り上げて舞台上で演じているのです。

現象世界は何のためにあるのか

では、質問の仕方を変えて、「なぜ、この〝舞台〟としての現象世界があるのか？」という問題を考えてみます。それを、俳優に訊《き》いたら何と答えるでしょうか？　恐らくそれは「表現をすることが喜びであるから」という答えになると思います。俳優にとって、表現は喜びなんです。人間はもともと、実相においては神の子、仏の子であって、それを表現する場がほしいのです。だから、現象的にはいろいろな世界に流転《るてん》していく。これは、業の流転によって「苦しみの人生を繰り返す」という解釈の仕方もありますが、生長の家ではそう解釈しない。人間は一種の〝舞台俳優〟として表現を繰り返すのです。たまには変な役が回ってくることもあります。これは結局、自分でつくるわけですが、もしその配役が嫌だったら、自分で脚本を書き換えればいいのです。「私は、来世はヒーロー役をするのだ!」と決めたらいい。まぁ、今生からでもいいですがね、急には変えられないこともあります。でも、「ヒーローになる」という脚本を自分にあてがって、今から演じればよろしいんです。これらは皆、神様がやっているのではなくて、私たち一人一人が自分で決めた道を行く。「私はロミオである」と決めたらそれを自分が演じるということです。その時に、「ロミオではない自分」がいることを忘れてしまうと、それが自己限定となり、自ら有限の世界を体験するのです。これが、一つ目の質問に対するお答えです。

さらに「表現の場を創ったのは神様じゃないか」と仰る人がいるかもしれませんが、まぁ、そう言って必ずしも間違いではない。この場合の「表現の場」というのは、ここ（頭を指さしながら）で起こっていることなんです。だから、肉体という表現媒体を与えてくださったのが神様だと解釈すれば、それは必ずしも間違ってはいない。しかし、我々が「この世界」という時には、ここ（頭）に入っているんであって、ここ（周囲を指さしながら）にはないんですよ。私たちは、自分の周りの世界のことを「外界」と呼ぶことがあります。自分はこっち側にいて、向こう側に、外に広がる世界がある――というニュアンスです。しかし、そんな「外界」はない。この〝外の世界〟はどうやって知るかと言ったら、結局、感覚によって――目と耳と鼻と口と皮膚の感覚によって得られた情報を脳が一つの〝作品〟に創り上げて、それを外側に映し出しているものですから、まぁ一種の〝幻灯機の映像〟を見ているわけですよ。そして、幻灯機だけだったら、音がしないし、感覚はありませんけれども、肉体という媒体には五官の感覚――色づけや匂いや動作も、すべて外へ投影できる。そういう装置があると思ったらよろしいと思います。

最近、テクノロジーの発達によって、視覚と聴覚に伝わる情報は、豊かなものを人工的に作ることができます。それから、今、実験中ですが、運動感覚や匂いなども、人工的につくることができるようになっている。そういうようにして、五感をヘルメットのような箱の中で体験できる装置ができたら、私たちは、それによってできた世界を「外界」と呼ぶでしょうか？（笑い）それは外界ではなく、ニセモノの世界ですが、五感すべてを動員しているので、本当にリアルに感じられる。それに近いものを、私たちは肉体を通して体験しているのです。「それは何のためか？」と言えば、「自分の神性・仏性を表現するためだ」というのが生長の家の解釈です。

「罪のつぐないをするため」とか「悪業の報いを受けるため」というように解釈しようと思ったらできないわけではないけれども、それは「悪がある」という観点なんです。生長の家のように「悪はナイ」という観点から見ると、それは「失敗を修正していく過程」というように、積極的なところにポイントを置くわけです。そうではなくて、悪業を積んだ結果、その報いとして悪果を受けていくと考えると、「悪がある」という信仰になってしまう。

しかし、「神の創造された世界に悪はない」というのが生長の家の信仰です。もし悪が神の創造だったら、「悪業」という言葉自体が妙なものになるんですよ。私たちの積む業に「悪いもの」があるという考え自体がおかしくなる。神の創造が「悪い」

はずがないからです。また、本当に悪があるんだったら、私たちの存在自体が悪だとしたら、私たちは、悪を行った時に「ああ気持がよかった！」と感じるはずです。でも、そんな人は一人もいない。「これは私の本性ではない」というネガティブな自覚を、「悪」と呼んでいるだけです。

例えば、画家が女性の絵を描いているときに、ある箇所には本来、顔の部分だから肌色を置くべきだった。しかし、ちょっと手がすべって黒い色を置いてしまったとします。そんな時、「あぁ、これは良い作品になった」とは普通は思わない。そうではなくて、「あそこに間違ったものがある。だから気になってしょうがない。ああ、直したい」という気持が起こってくる。人間は「悪い」という言葉を、そういう文脈で使うんですね。「悪い」というのは、そこに「ふさわしくないものがある」という一種の違和感です。だからその違和感を除いてしまいたい、と思う。もし我々の本性が悪そのものだったら、悪に直面した時には、「あぁうれしい、魂が喜んでいる」と感動するはずなんです。しかし、我々の体験を思い起こしてみると、そんなことは決してない。事実はまったく逆である。ということは、私たちは善一元の世界から来た神の子であり仏だという証拠である――こう生長の家では考えるわけです。

なぜ神の子が病気や争いを心に描くのか

次に、二つ目の質問です。「どうして人間は神の子であるのに、病気や争いを心に描いてしまうのでしょうか？」――

時々、こういう種類の質問を受けることがありますが、それらは「なぜ神の子である人間が間違うのか？」という質問に帰着すると思います。これと似た質問は、「神の子だったら、なぜ罪を犯すのか？」「なぜ間違いを犯すのか？」「迷いがどうしてあるのか？」などいろいろあります。

私は、こういう質問にお答えする時には、いつもこの字を書くんです（と、黒板に「自由」と書く）。自由がなければ、善はどうしても表現できない。これは、私たちがよく知っている現実世界でも同じです。

例えば、ある銀行に強盗が押し入り「お金を出せ」と言って、一番前のカウンターにいた女性銀行員にピストルを突きつけたとします。彼女がもし強盗が命じたこと以外の行動をすれば、生命の危険がある。だから、これは自由を奪うことです。自分の意志を相手に強制している。変なことをしたら撃ち殺すぞというのですから、脅迫によって自由を縛っている。こういう状態で、もしその銀行員が、お客の預金のうち何十万円とか何百万円を強盗に渡したとします。その場合、この銀行員の行動は「悪い」と言えるでしょうか？　普通、それは常識でも日本の刑法でも「悪い」ということにはなりません。なぜなら、脅迫されて、意思の自由を奪われた中で行ったことは、「善い」とか「悪い」などと責任を問われることはない。それが普通の考えです。同じようにして、もし神様が「人間は絶対間違えず、迷うこともなく善を実行させよう」と考えて人間を創造されたら、善そのものを表すことができないんです。この論理はお分かりですか？　善というものは、悪を選択する余地がある中で自ら選び取った時に、初めて成立するものです。

もう一つ例を挙げます。ある所におっかないお父さんがいて、子供がいつもビクビクしている家庭があったとします。そんな家で子供が何でもハイハイとお父さんの言うとおりにやっていたら、そういう子を「よい子」と言えるでしょうか？　私は、言えないと思います。幼い時は、そんな環境が一時的に必要な場合があるかもしれないが、そんな状態が長く続いては子供の善性は開発されない。そうではなくて、「自由にしていいから、好きなようにやりなさい」と言われた時に、自分で考えてとった行動が善い行いであった場合、本当の意味で「よい子」として認められる。

生長の家では、神の本性は真・善・美であると説きますが、その中の「善」を実現するためには、自由が必要なのです。自由であるためには、間違った選択肢も与えられていることが必要なんです。

このことは、生物学的にも言えることです。人間の脳は、自然の支配を最も受けにくい構造になっています（図5）。（脳の構造の概略図を描く）まず、脳の最も奥の中心部分には「脳幹と視床下部」

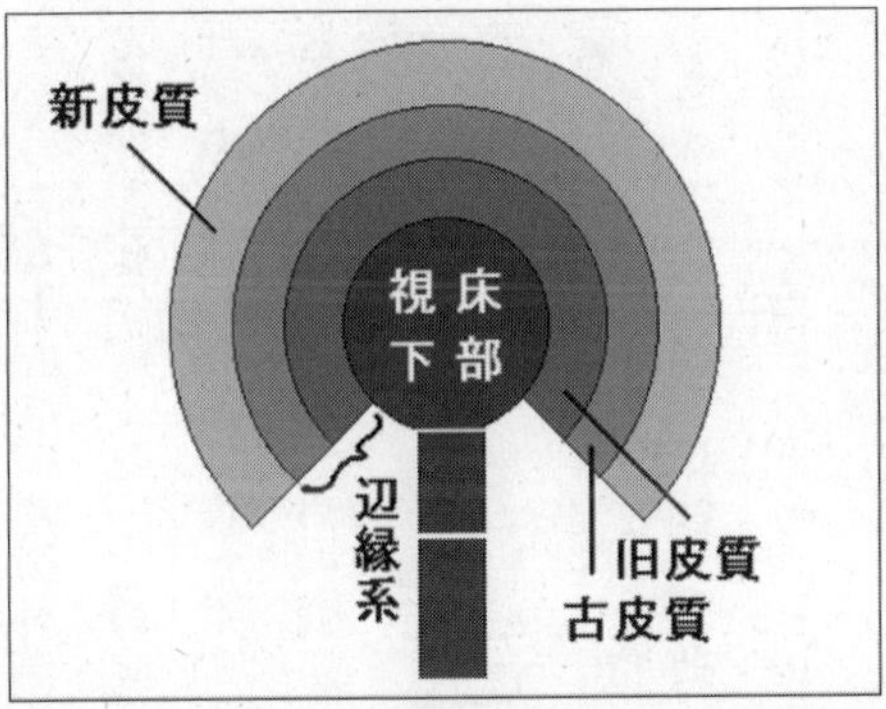

図5

というのがあって、その外側を二重三重の構造が覆っている。脳幹や視床下部は、ある条件が整い、また一定の刺激が加わったら、一定の欲望が出るというような、生命維持のための自動装置です。その周りには、そういう欲望を制御して周りの環境に適合した行動をとるための脳があります。その中で、いちばん外側の大脳である「新皮質」と呼ばれる部分が著しく発達しているのが人間の特徴である。つまり、その大脳の内側には、爬虫《はちゅう》類や両生類がもっているのと同じ構造の脳があるんですが、外側を覆う大脳は、そういう爬虫類や両生類のような動きが自動的に出るのを制御する役割をもっている。これは、自動反応的に欲望が出てきた時に、欲望実現のための仕組みは整っているけれども、その上に覆いかぶさって、自分の意志で欲望をコントロールするための構造であると言える。

このことを見れば、まさに脳の構造そのものが、「いろいろな選択肢の中から正しいものを自分で選択する」ようにできているのですから、人間は「自由である」のが特徴ということになるのです。しかし、大脳の新皮質が発達していない多くの動物には、自由がない。例えば、この間、春になって啓蟄《けいちつ》を迎えると、土中からカエルが出てきた。彼らは温度と湿度の条件が一定の値になると、自動的に眠りから覚めて土の中から出てきます。そこには「もっと眠っていたい」などと思う自由はありません。また、土から出てきたら早速、相手を見つけて交尾することになる。ここにも自由はありません。この時期でなければ交尾のための欲望も出てこないのです。そのように、生物界では、人間以外に、神様は自由のない生物を数多く創っておられる。だから、それ以上のものを創造されようと思ったならば、それは神の定めた予定行動を自動的に繰り返す生物では足りない。〝自動機械〟はただ与えられた動作をするだけで、そこには善も悪もない。だから、「自由」を与えれば「善」が実現するという、より高度な創造の段階にいたって人間が創造された。それが人間創造の意味なのです。

だから、質問にもあるように、私たちは「病気」や「争い」を心に描いてしまう可能性をもちながら、そうでないものを描く選択をすることによって、この世に「善」が実現することになる。善を表現するためには、人間のような肉体をもったものが必要であるということです。だから、我々が「人間らしく生きる」ということは、「欲望のままに行動する」ということではないんです。時々それをはき違える人がいますけれど……。「人間らしい生き方」というのは、「眠くなったら眠り」「性欲が出たら発散させ」「食欲が湧いたらいつでも、どれだけでも食べる」なんてことじゃない。それとは全く逆である。

我々はだから大脳の機能をしっかりと訓練して、欲望は周囲の状況に合せて適切に制御し、自分と社会の共存を進めていくのが本当です。欲望どおりに生きるのでは、両生類や爬虫類と変わらないんです。まぁ、そういうことですね。

(二〇〇八年三月九日、大阪市の大阪城ホール)

なぜ人は老いて死ぬのか

Q なぜ人は老いて死ぬのですか？　老いるとは何なのでしょうか？（五十六歳・男性）

A なぜ人は老いて死ぬのか？――こういう疑問は、この方のように五十六歳くらいになると感じ出しますね。私も感じ出しました。ちょうどこの方と同じ年なんです。

ちょっと蛇足になるかもしれませんが、昨日、ホテルでエレベーターに乗ったんです。私と妻がいるところへ、二人の若いご夫婦と四人の男の子が乗り込んできた。その子供の一人が、私の顔を見て「あっ、おじいさん」って言うんですよ（場内、笑い）。私はこの時、生まれて初めて「おじいさん」って呼ばれました。昨日は、そういう新しい体験をいたしました（笑い）。だから「人はやはり老いて死ぬんだな」と思いましたね。

しかし、「老いて死ぬ」というのは、本当に死んで無になるのではなく、「肉体を替える」ということです。この肉体は一種の〝宇宙服〟だと思ってください。我々が今、着ている繊維でできたこの服じゃなくて、肉体自身のことです。肉体は、地球という天体――地球も宇宙に浮かんでいる天体の一つですが、この天体に最も適切に工夫して作られた〝宇宙服〟である。しかしそれは、使っていれば、ある程度は再生や修復を体の内部でやりますけれども、そのうちにやはり再生できない部分が出てきたり、あるいは逆に、体の一部が勝手に再生を始めて止まらずに、ガンになったりする。そのように故障したり、うまく機能しなくなることがあるので、やはり肉体は永遠には使えない。だから、ある程度使えば、別の新しい〝服〟に着替えるんですよ。そのために、老いて死ぬんです。

肉体は、替えられる方が楽しいでしょう？　いつも同じ所に同じヒゲが生えて、同じホクロやシミがある顔を見ているよりは、たまには替えたほうがいい。そうでないと退屈してきませんか？　五十六歳にもなってくると、自分の顔にはだんだんシワが増えてくる。だから、やはり新品のものに替えたい。そのために人は老いて死ぬんだ――こう思えば、死が近づいてくると「うーん、楽しみだなぁ」という気になりませんか？「次は男になるかな、女になるかな？」「どんな国に生まれるだろうか？」などと考える。そういう人生の楽しみ方もあるんですね。まあ、これは少々くだけた言い方かもしれませんが……。

もう少しあらたまったお答えをいたしますと、それは「若い」ことは良いことですが、足りないことも多い。人生には「若い」という理由で、分からないことがたくさんあります。だから「老いていく」ことは、必ずしも悪くない。例えば、性への関心が強い時期に見る世界と、そうでない時に見る世界とは違うんです。どっちが本物かと言えば、どちらも現象ですからニセモノです。しかし、人生の一面しか見えないのと、幅のある人生の局面をいくつも知ることができるのでは、やはり違う。人生でも芸術でも、無限に変化していくことの中にホンモノが体験され、表現されるようになっていますから、若い頃に感じていた世界とは違う世界を体験することができるのは、素晴らしいことだと思いますね。それから、体が不自由になることによって、健康な時に分からなかった人々の気持がよく分かるようにもなってくる。そういうメリットもあります。

私なんかも体が老いてくると、今まで街を歩いていても、人に追い抜かれることはあまりなかったけれども、近ごろは追い抜かれるんです。追い抜かれると、かつては少し「悔しい」なんて思ったけれども、最近は悔しくなくなってきました。人生はそういうものだと、分かってきたからですね。いろいろな条件の人がたくさんいて、いろいろな感情をもって生きている――そういうありのままの世界を理解し、味わうことが必要である。そうすると、命の尊さが分かってくる。だから、「老いるとは何なのか？」と聞かれたら、それは「人生が豊かになること」だと私は思います。自分一人で何でもやってやろうというのではなくて、「周りを見ながら、味わう」という余裕が出てくるんですよ。だから、映画を見るようなつもりで老いていくこともできる。

芸術表現においても「円熟」という言葉があるように、年を取ることで表現の幅が出てくるといわれていますね。そういう意味で、「老いる」とは、今使っている肉体を替えるまでの、「より静かな、創造と観照の時期」だと考えていただくのはいかがでしょうか。

（二〇〇八年三月十六日、名古屋市の日本ガイシスポーツプラザ）

怒りを表現するのは正しいことか

Q 私は初めて講習会に来ました。先生は、表現の話をされていて、「絵描きさんは、カンバスと絵の具と筆が無くなってしまったら表現できない」と言っていましたが、そのお話はすごくわかりました。しかし、例えば、電車の中で、平気で化粧をしたり、電話したりと、ある意味で表現している人がいますが、そういう人たちに対して注意することはいけないことなのでしょうか。同じ人間だから怒ったりしてはだめなのでしょうか。怒りも表現だと思うのですが、私は非常識なのでしょうか？

（二十一歳・男性）

A この質問者は、少し誤解されたところがあるかもしれません。午前中、私は、「実相の自分を現象において表現することが、人生である。人生の意味である」という話をしたのであります。人間には、神から頂いたままの実相の神の子、仏としての本性がある。しかし、それは何もしないで、そこで寝っ転がっているだけでは表現できないから、「表現の場」が必要だということです。この「表現」とは「実相の表現」であって、「したい放題の表現」ではない。私たちは、社会的な立場とか、家庭環境とか、様々な具体的な条件や状況に自分を置いて、そこで表現する。それは、絵を描くにしても、油絵具でやるか、水彩でやるか、あるいは鉛筆一本しかないのか、その場その場でいろいろな条件や制約があるのと同じです。どんな表現にも制約があるし、制約があるから表現が可能なのです。「わがまま」や「したい放題」は制約の無視ですから、正しい表現とは言えない。

それに、表現なら何でもいいのではなく、「実相の表現」でなければいけない。お化粧するというのも、表現の一つだとは思いますよ。しかし、それが「実相の表現」かというと、むしろ逆である。それから、お化粧している人に「電車の中でそんなことをするのはやめなさい」と注意するのも、一種の表現だと思います。私が言いたいのは、表現それ自体が尊いのではなく、何の表現であるかによって、表現の価値が決まるということです。自分の表現が、常に「神性・仏性」の表現になっているかどうかを意識して表現活動をするところに、意味があるということです。

そうではなくて、「オレのやりたいことをやるのが表現だから、人の迷惑になろうがなんだろうが、何でもやる。それが人生だ」というのでは、それは「利己主義の表現」です。だから、表現しようとする時には、「今自分は神性・仏性を表現しようとしているだろうか」ということを意識してください。電車の中で自分の目の前で化粧している人がいて、そこで注意する場合にも、だから当然、注意の仕方に工夫がなければいけないと思います。「ダメじゃないか、おまえらは！」と怒鳴るのでは、やはり「神性・仏性の表現」というわけにはいかない。まあ、実際にどうすべきであるかは、状況によって変わってきますから、こうでなければいけないとは、ここでは言えません。工夫してやってみてください。

質問には「怒りも表現だと思う」とあります。確かに怒りも表現ではありますが、「神性・仏性の表現」であるかどうかは分からない。だいいち「怒る」とは、何に対して怒るのでしょうか。仏様に対しては怒れないはずですが、お化粧している人も本当は仏様なんですね。それに対して「怒り」という否定的感情が出てくるのは、やはり相手の神性・仏性に対して、あまり配慮があるとは言えない。何か別の表現を考えられたらいいと思いますね。

私は午前中、「表現ならどんなものでもいい」という話はしなかったつもりですので、誤解のないようにお願いします。あくまでも「神性・仏性の表現」が大切です。そのことを常に念頭に置いていていただきたいと思います。何が神性・仏性の表現であって、何がそうでないかということは、ご自分で分かるはずです。なぜなら、我々人間の本性は仏であり神の子ですから、自分の本性に従った表現であるかどうかは、考えてみたら分かる。まあ、「怒り」というのはパッと出ちゃうことがあるかもしれませんが、その時は、後で反省してよく考えてみてください。間違った表現だと気づいた場合は、相手に謝ることが必要かもしれません。

（二〇〇八年三月十六日、名古屋市の日本ガイシスポーツプラザ）

良い思いを潜在意識に浸透させるには

Q 〝現在意識〟で素晴らしい事を思うのは簡単ですが、〝潜在意識〟までそれを行き届かせるためには、どのような方法がありますか？（十六歳・男性）

A 午前中、これについては少しお話をしたんですけれども、生長の家でいう「三正行」をぜひ毎日続けるようにしてください。「三正行」とは、①神想観を実修すること、そして、②生長の家の教えの本を読むこと。これには、聖経読誦も含まれます。それから、③愛行――つまり、人に愛を与えることです。

この「愛行」ですが、これを狭く解釈して「生長の家の月刊誌を配ること」だと考える人がいるようですが、それももちろん愛行の一つですが、それに限定してはいけません。それだけではなくて、他の人に愛を与えることはすべて愛行です。ですから、朝起きたら、家の人に挨拶することも、簡単ながら立派な愛行と言えます。「おはようございます！」と、明るい顔で元気に挨拶するといいですね。もし一人住まいだったら、学校の友達にも先生にも、会社の同僚や上司にも「おはようございます」と、ニコニコと笑顔で挨拶されるといいです。

講話の中で「身・口・意」の話をしましたね。仏教でいう三業のことです。われわれが神の子の実相や仏を現すのは、この「身・口・意」によって行います。「おはようございます」と言うのは、口（発声音）できちんと「おはよう」という親愛の情を伝えて、また体や表情（身）によってニコニコと笑顔をつくりますね。暗い顔をして「おはようございます」と言う人はあまりいませんから。そして、心（意）から親愛の情をこめて「おはようございます」と言えば、これでちゃんと「身・口・意」の三業による愛の実践になるんですよ。

そのようにして毎日、自分の中の仏や神の子を表現する実践をしていただくと、それに伴って周りの人々の反応が変わってきます。自分にも良い習慣がつきます。朝のあいさつが意識しないで自然に出てくるようになる。こうして、「私は仏である、神の子である。家族も仏であり、神の子である」という自覚が、〝現在意識〟から〝潜在意識〟のレベルにまで浸透していくことになると思います。三業による真理の実践を継続していくことをお勧めします。

（二〇〇八年三月三十日、伊勢市の三重県営サンアリーナ）

亡くなった人を見るためには

Q 亡くなった人が見えるには、どう生きたらいいのでしょう？　どう考えたら、その人を感じることができるのですか？　大切なもの、例えば空気や太陽、月、水などは、目に見えなかったり、遠くにあるのは、どんな意味があるんですか？　先生は、物理や科学の博士ですか？　潜在意識についてもっと知りたいです。（五十一歳・女性）

A 初参加の五十一歳の女性からの質問です。まず、「亡くなった人が見えるには、どう生きたらいいのか？　またどう考えたら、その人を感じることができるのか？」という質問です。

私は午前中、「亡くなった人が見える」話などしましたかね。あぁ、そういえば、「死んだ人に会いたかったら、死んでみたらいい」という話はしました。これは、ちょっと無責任な言い方だったかもしれません（会場、笑い）。私が、なぜそんなことを言ったかというと、数年前に亡くなりましたが、エリザベス・キューブラー・ロスという女性がいました。心理学者で、スイスに生まれ、後にアメリカへ移住してベストセラーを書いた人です。

皆さんも「臨死体験」という言葉を聞いたことがあると思いますが、死に臨んでいろいろ体験することです。臨死体験については、評論家の立花隆さんも分厚い本を書かれて、二冊ぐらいに分けて出版されています。この臨死体験には、どんな国のどんな生まれの人でも一定の共通パターンが見られるというので、心理学の研究対象にもなりました。

キューブラー・ロスさんは、臨死体験をした人にインタビューをして、そういう体験をたくさん集めた中から共通のパターンを見出した。それは、トンネルみたいなところがあって、そこを抜けていくとお花畑があって、向こう側から知人がこう手招きをしている。渡ったら死んでしまうけれども、渡らないで思い直して帰ってきたら、地上にもどってくることができた——こういうような共通したパターンが、どの国の、どんな境遇の人にもあるということを発見して、『死ぬ瞬間』（中公文庫）という本を書いたのです。そういう臨死体験の研究の草創となった人です。

キューブラー・ロスさんは、その後、心理学者というよりは、宗教の教祖のようにもなりましたね。研究を進めている間に、自分も同じ体験をして「人間は死なない」という確信を得たのです。そういう立場から本を書くようになったので、科学は物質的存在の観察を基盤としますから、物質を超えた存在を信じるのでは客観的な評価ができないということになって、科学者としては批判された。けれども、信者みたいな人が増えました。それで、彼女が比較的最近書いた本の中に『死後の真実』（一九九五年）というのがあります。日本教文社から翻訳して出版されていますから、興味ある方は買ってください。おもしろいです。その『死後の真実』の中には、まるで宗教家みたいに「死は存在しないのです」と書かれていて、続いて「それは死ねば分かることです」ってあるんですね（会場、笑い）。それが一カ所じゃなくて二〜三カ所に書いてあるので、私は「これは説得力あるな」と感心しました。「死んでみたら分かる」というんです。でも、死んだあとで、「あぁ、分かった！」となっても、それを生きている人に――つまり、肉体をもっている人には伝えることができない。これが残念ですが……。

だから私は、キューブラー・ロスさんの著書から引用するつもりで、あの話をしたんですが、引用が正確でなかったかもしれない。だから、質問された方は誤解したようであります。私の言い方が少し不親切でした。ですから、「亡くなった人が見える」というのは、「生きている間に死んだ人が見える」という話ではありません。死んだ後、あるいは死につつあるときに、三途《さんず》の川の向こうから、先に逝《い》った人が招いてくれるそうです。そして、「ああそうですか、じゃあ一緒に行きましょう」といって川を渡れば、仲良く生活ができる――そんな意味のことが書いてあります。だから「死んだら分かります」と言ったのは、生きている間にそういうものが見えるということでは必ずしもありません。

臨死体験をした人の場合は、「生きている間に見える」と言えるかもしれませんが、すべての臨死体験が同じではありません。また、どうしても見たい場合には……臨死体験をすればいいといってもね、これにはリスクがあります。もしかしたら本当に死んでしまう――つまり、肉体にもどれないかもしれない。だから、そういうことに興味をもたれるのは、ほどほどにしておいた方がいいと思いますね。臨死体験は、いずれ死ぬときにはすると思いますから、その時のために残しておかれたらよろしい。ただそのときには、もうもどって来られない。だから、もどってくるつもりで臨死体験をしようとは思わないでください。

「親和の法則」はどう働く

次に、このように書いてあります。

「大切なもの、例えば空気や太陽、月、水などは、目に見えなかったり、遠くにあるし、どんな意味があるんですか？　先生は物理や科学の博士ですか？　潜在意識についてもっと知りたいです」

私は、物理も化学も博士号をもっていません。私の学問上のクレデンシャル（credential＝資格）は、マスター（修士）止まりですね。国際関係論の修士課程までしかやっていません。専門は、物理学でも化学でも心理学でもないんです。私が専門でない分野の話をするのは、もっぱら先人が書いた本などを読んで勉強しているからで、それだけのことであります。

それで、「潜在意識について知りたい」ということですので、午前中、時間が不足してできなかった話をします。

この図（図6）を見てください。午前中は、三角形をした氷山の図を紹介して、一人の人間の心には現在意識と潜在意識があると話しましたが、この図は、複数の人間が一緒にいる時の心の状態を描いています。それぞれの人が現在意識をもち、同時に潜在意識をもっている。この図の現在意識の部分——図の上方——では、それぞれの人がバラバラに離れて存在しているように描かれています。例えば今、皆さんの隣に座っている人は、見ず知らずの人もいれば、まぁ名前は知ってい

図6

る人かもしれない。でも今、どんな心をもっているかは分からない。そのことを図の上半分が示しています。しかし潜在意識――図の下方――では、三角形が重なっているところもあります。皆さんの隣に座っている人は、言わば「心が一部重なっている」ということです。

午前中、そのことを説明しかけていました。今日のような素晴らしい花見日和の日には、宗教の話を聴きに来るような人は、そんなに多くないと言いましたね？　その意味は、皆さんのような人たちがいて、初めて生長の家の講習会ができるということです。花を見るんじゃなくて、神や仏の話を聴きたいと思った方だけがここに集まって来ているということです。そういう〝共通した心〟のことを「心が重なっている」と表現したわけです。そのような近似した心をもった人たちが集まって物事をする。これを「親和の法則」といいます。お互いに親しい心のものが和して物事を行う――それがこの現象世界である。

この講習会も、宗教に関心のある人以外は来ていないはずです。そういう人たちが、心を合わせて作り上げている一種のイベントです。もちろん、宗教法人である「生長の家」という団体がこの会場を押さえ、いろいろな準備をして講習会が開かれたことは事実です。が、それだけでは本当の意味での生長の家講習会にはならない。「聴衆」とか「観客」の立場にある皆様方が来てくださらなかったら、それは講習会ではない。例えば、私がこの場所に来て、演壇に立ったとしても、皆さんが一人もいらっしゃらなくて、みんな花見に行っていたら、会場の席は空いたままです。そんな所で私はしゃべるつもりはありませんから、講習会をしないで引き上げるということになるでしょう。だから「講習会がある」ということは、私や主催者側だけでなくて、皆様方一人一人が「宗教の話を聴こう」という心を起こしたために可能となった。潜在意識において共通した人々がいたために、「親和の法則」が働いて、現象的に物事が起こるということです。

これは善いことの例ですが、逆に悪い例では、交通事故とか、戦争とか、そういうものも「親和の法則」で起こることになります。「偶然そこを歩いていた」と言っても、それはやっぱり「親和の法則」が働いたと生長の家では考えるわけです。何か「人とぶつかる心」を持っている人が、それは、その瞬間に具体的な「ぶつかる心」を意識的に持っていなかったとしても、普段の生活の中でずっと積み上げてきた「衝突する心」が〝業〟として働いていた場合には、「自動車にぶつかる」という形で具象化することもあります。自分で気づいている意識――現在意識――で、特定の人や事に対して衝突していなくても、現実に衝突が起こることがある。それが「潜在意識」の働きです。

今、頭の中で明確に人を恨んでいなかったとしても、過去において「恨みの心」を幾重にも積み上げて潜在意識に貯め込んでいたならば、「恨み」と近い心――殺したいとか破壊したい心――が集まっている所へ引き寄せられる場合もある。それが潜在意識の働きです。

だから、「人間は皆、罪悪深重の凡夫である」という教えが日本において浸透していて、私たちが「罪の意識」を現在意識のレベルではもっていなくても、潜在意識においてもっていれば、「自己処罰」ということが無意識のうちに起こることがある。それが戦争の原因になる場合もあります。ただ、それは、必ずしも意識的に明確に自覚されないことなので、「証明しろ」と言われたらそれは難しい。しかし、生長の家ではそのように考えるわけです。

潜在意識の作る世界

潜在意識の話をしていたので、ついでに申し上げますと、皆さんの興味を引くかどうか分かりませんが、一枚の画像（図7）をご覧にいれます。これは、今年の一月二十五日の私のブログ「小閑雑感」で、「″火星人″の幻影」という見出しで紹介した写真です。皆さんは、ユーチューブ（YouTube）ってご存じですか？　インターネット上に自分で動画ファイルを登録して人々に見せるためのサービスです。そのユーチューブに発表された映像がこれなんです。今、火星の表面をアメリカの探査ロボット数台が走り回っていますが、それぞれがカメラを装備していて逐次、地球に火星の映像を送ってきているそうです。その中の一枚を、イ

図7

ギリスのテレビ局ＩＴＮが、一月二十三日付でユーチューブに発表したものです（図7はＮＡＳＡ提供の同じ画像）。

この画像をよく見てください。こう何か女性が、しかも普通の女性ではなくて、何か人魚みたいな恰好をした女性が横座りの姿勢でいます。こんな映像がもし火星で撮影されたとすれば、どんな意味が考えられるかということで話題になりました。私がこれを見たのは、翌日の一月二十四日くらいですけれども、一月二十五日の十二時十五分に再び見たら、その時点で、この映像を人が見た数は十六万七千回にもなっていた。世界中の人々がこれを見て、三、〇五七件のコメントが書き込まれていた。コメントはいちいち読みませんでしたが、それだけ人々の関心を引いたのがこの映像です。

我々人間が普通、これを見たら、「火星には人がいる」と考え、この画像はその証拠だと思うかもしれない。けれども、私はそう思わない。この〝人魚〟のような映像は、我々の潜在意識が見せている一種の〝幻影〟である。よく考えてください。もし火星に生物がいたとしたならば、どうしてその生物は、人間に似た格好でなければならないのでしょう？　その生物が、人間のような形態の肉体をもつと思う根拠は何ですか？　そんな根拠はないですね？　火星という天体は地球と同じ太陽系の惑星ではあっても、まったく違う環境にあります。表面には水がなく、温度は低く、大気も薄いし、重力も地上の三分の一くらいと言われています。だから、そんな環境で仮に生物が生きていたとしても、地球上の生物と似ているはずがない。ましてや〝人魚〟がいるとは考えられない。

しかし私たちは、こういう映像をパッと見ると、無意識のうちにそれを地球上の何かと照合させる。それは、潜在意識がやっていることです。我々人間は、同類である人間に一番興味がある。どんな生物よりも人間に対して関心が強いですから、潜在意識は、その最も興味のあるものに姿形が似ている対象に、敏感に反応するのです。火星の探査ロボットは、きっと頻繁に火星表面の写真を送ってきているのでしょうから、このほかにも、いろいろな形のものが写っている写真をたくさん送ってきているはずです。でも、それら沢山の写真には騒がないで、たまたま人の形に似たものが写ったときだけに騒ぐというのは、私たちの潜在意識の反応である証拠です。それは、一種の〝幻影〟です。私たちは意識せずに幻影を見るのです。これが、私たちが潜在意識をもっている証拠です。

もう一つ、もう少し分かりやすい例を挙げましょう。今、こういう図形（図8）を見たら、皆さんは、何だと思いますか？たいていの場合、田んぼの「田」の字だと思いますよね。でも、なぜ私たちがそれを田んぼの「田」だと思うかと考えると、それは、小学校で田んぼの「田」という漢字を勉強するからです。このことは、日本では当り前のように思いますが、外国では少しも当り前ではありません。そのように、我々の心の中には、自分では意識しないでも、いろいろな〝隠れた前提〟があるわけです。

図8

生長の家の講習会では時々、ブラジルから働きに来ている方たちが参加して、同時通訳で受講していることがあります。今日は同時通訳はないようですが……。そういう会場では、「ブラジルの人はこれをどう思うでしょうか？」と訊《き》くんです。彼らの多くは母国語はポルトガル語で、漢字を習っていないでしょうから、「田」の文字は、その辺のカーテンを開けると見える「窓枠」のことだと思うかもしれません。では本当は、この図形は田んぼの「田」ですか、それとも「窓枠」でしょうか？　どちらが〝正しい〟と言えるでしょうか？　この質問には〝正解〟はないと思います。答える人の潜在意識にある前提によって、答えが変わってくるからです。まぁ、田んぼの「田」という答えは、日本や中国など漢字文化圏だけに通用する答えですから、少数派かもしれません。

こういう話を聞いてから、先ほどの映像を見てください。そして「これは何ですか？」と訊かれたら、本当は「分からない」と答えるのが正しいと思います。なぜなら、我々は火星のことなどほとんど知らないからです。地球にすむ我々から見れば、確かに「人魚」のように見えるということも事実です。しかし「人魚」のイメージというのは、私たちの潜在意識が作った世界の中にしかない。実体としては、地球上にも存在していない。にもかかわらず、私たちの目の前にアリアリと見えているのです。これが潜在意識の作る世界です。

このようにして、私たちは毎日、何の気なしにいろんなものを見たり聞いたりしているけれども、その時に見え、聞いているものは実在ではなく、私たちの潜在意識の産物である可能性が十分にある——このことに気がついていただきたいのであります。

（二〇〇八年四月六日、京都府福知山市の三段池公園総合体育館）

「世界平和の祈り」は役立っているか

Q 現象はすべて心の現れであるということは、世界で起こっている戦争は自分自身の責任になってくると思うのですが、僕は毎日の神想観の時に、「世界平和の祈り」もさせていただいているのですが、まだまだ僕の祈りは足りていないのでしょうか？　また多くの人の祈りの中で、僕一人の祈りの力はどれくらいプラスになっているのでしょうか？（三十一歳・男性）

A　十二月の初めに、アフガニスタンに対する米軍の増派が発表されましたが、そういう戦争の拡大について、この質問者の方はずいぶん深刻に考えていらっしゃると思います。まぁ、この方が仰っていることは全くの間違いではないけれども、しかし、一般的には、三十一歳の人が六十歳の人が始めた戦争の責任を負うということはないでしょう。つまり、現在起っている戦争の直接的原因は、今の中高年の、戦争の決定を下した人たちの意志によるということです。しかし、こういう一般的な意味ではなく、潜在意識のレベルで、我々が何らかの形で——例えば、イラク戦争に加担している、ということは言えるかもしれません。なぜかと言えば、日本の国は日米安保条約にもとづいて、米軍やその同盟国の作戦行動に協力しているということと、それから、我々は化石燃料に頼った生活をしているということ——これらは戦争の継続を正当化している。日本で使われる化石燃料の多くは中東から輸入しているのであり、日本は小泉政権の時にアメリカのブッシュ大統領の〝テロとの戦争〟に全面的に賛成した。そういう政党（自民党）を私たちは永年支持してきた。だから、そういう意味で、現在三十代の人は今行われている戦争に全く責任がないわけではない。けれどもそれは、第一義的には私たちの責任ではない。「戦争を始める」という決定をした人に責任があります。

しかし、その後の流れでは、始まった戦争に反対もせず、あるいは心で「反対」と思っても沈黙してきたのがほとんどの日本人ですから、そういう意味では責任が全くないとは言えない。それから先ほども言いましたが、中東にある米軍基地やその同盟国の艦船によって守られたシーレーンを通って、日本向けの石油が大量に海を渡って来ます。それを私たちが使わせていただくおかげで、冬の今日も寒くなく、暖かい会場で話が聞ける。こういうことも、戦争と全く関係がないかといったら、関係ないわけじゃない。

そういう意味での責任のごくごく一端はあるかもしれないけれども、やはり戦争は、政治の世界では国の外交の問題であり、国の意思決定機関が戦争の決断を行う。それに対して、国民がもし反対の場合には、決定後に「反対」の意思表明を行い、次の選挙で「ノー」を意味する投票を行わなければならない。でも、日本では、前回の選挙では戦争は争点になりませんでしたから、政権交替が行われても、イラク戦争に対して国民が「ノー」と言ったのか言わなかったのか、よく分からないところがあります。

質問の続きは、こうです――

「僕は毎日の神想観の時に、「世界平和の祈り」もさせていただいているのですが、まだまだ僕の祈りは足りていないのでしょうか？　また多くの人の祈りの中で、僕一人の祈りの力はどれくらいプラスになっているのでしょうか？」

私たちが毎日、生長の家の瞑想法である神想観をして、世界平和を祈る――この講話の後に皆さんと一緒にそれをやりますけれども――これは、実相を観ずる瞑想法です。私は、世界の人々の心が、この「実相」というものに焦点が合ってこないといけないと思うのです。実相世界の平和の姿を「世界平和の祈り」の中ではじっと祈りますが、そういう心境がもっともっと多くの人々の中に広がっていかないかぎり、我々が世界の大きな動きを変えていくこと、平和の実現に貢献することはなかなか難しい。

我々がまずできることは、周囲の家族とか会社の人とか、それから地方自治体の内部で「平和」を実現すること。それから、さらに広がって、地方選挙や国政に一票投じることで私たちの心を反映させる。また、「平和」のメッセージを、実相世界のアイデアを、あらゆる機会を見つけて表現していくことが必要です。

そのためには、神想観がその基本になります。毎日、我々の心の焦点を実相世界に合わせて、そこから物事を考えて実行する。我々の心の良いクセとして、「善行」を繰り返していくと「善業」という大きな力になっていきます。ですから、生長の家では「三正行」を皆さんにお勧めしているでしょう。三つの正しい行いです。三正行とは神想観、聖経・聖典の読誦、愛行の三つです。これを繰り返しやっていると、「行」がより大きな「業」の力になっていきますから、そこから社会とか国政への影響力も出てくるのです。そういう意味で、私たち信仰者一人一人が、三正行を実践して、宗教運動としての「善い業」をつくっていく。そうすると、我々の教団だけじゃなくて、その周りの人たちも巻き込んでいく力になり、そういう形の運動が広がっていけば、世界平和につながることにもなるわけです。

ですから、この三十一歳の青年の方が毎日神想観しているのは、世界平和に全く貢献していないかといったら、そうではなくて、こういう大きな流れの中で、私たちの毎日の祈りが、だんだん力を増して善を実現していく一つの大きな契機になっていると言えると思います。

ですから、私たちの祈りをさらに深めて、そして祈りだけじゃなく、「三正行」には「聖経・聖典の拝読」も「愛行」もありますから、あらゆる機会を探して、正しい知識を得、〝愛の行い〟を展開していけばよろしいということになります。

まぁ、そんなに焦ることはありません。人間は無限に生き、成長していきますから……。時々、生長の家の中には、特に純粋な信仰をもつ人の中には焦る人がいて、「自分の目が黒いうちに世界平和が来なければいけない」と考える人もいます。しかし、人間の生命は無限ですから、現世でダメだったら、また来世で引き続いて努力するのです。みな一緒にやりましょうよ。あんまり焦ると「拙速」という言葉もあるくらいですから、判断を誤ることもあります。そういう意味で、まぁ「真剣にやるけれども、焦らない」ということが一つのポイントかもしれません。そのためには、常に「実相が在る」ということを忘れてはいけません。世界で起こる戦争や紛争ばかりに注目していると「争いが実在する」という錯覚に陥る危険があります。

（二〇〇九年十二月十三日、橿原市の奈良県立橿原公苑体育館）

人間は何のために生まれてきたか

Q 生命とは何か、神様とは何かは理解できました。では、人間は何のために生まれてきたのでしょうか、人間にとって最高の幸福とは何なのでしょうか？（五十二歳・女性）

A 午前中の話でも少し触れましたが、「人間が何のために生まれてきたか」といえば、それは我々の本質である「神の子」あるいは「仏」と言われている徳性を表現するためです。この「表現する」ことの意味を考えるためには「表現芸術」のことを思い出してくださるといい。何でもいいです、俳句でも、絵画でも、音楽でも、演劇でもいいです。それらの表現芸術によって表現するためには、〝表現のもと〟になっているもの、表現したいと思っているものがまず、私たちの内部にあります。例えば、俳句だったら、五・七・五の短い言葉に〝何か〟を移し変えるのです。それは

「感動」であったり、思わぬ「気づき」であったり、「喜び」であったりします。まずそれが心の中に生まれてから、それを俳句という形式の中でどうやって表現するかと皆、苦労しています。音楽でもそうで、まず「曲想」というものが生まれ、それをどのように表現するかで専門家は悩むわけです。

このように、まず表現する〝もと〟になるものがあり、その後に表現された〝結果〟が生まれる。これは音楽の演奏なんかでもそうです。曲想が譜面の形で存在し、これを作曲家の意図を考えて演奏家がうまく表現できるかどうかです。譜面の形の曲想が先にあって、その後に〝実際の演奏〟が行われることで音楽が表現される。これは「実相」と「現象」の関係に似ています。我々は「神の子の実相」「仏の実相」を初めからもっているけれど、それを表現するためには、場所と時間——つまり「現象世界」が必要です。この表現には一定の時間が必要だし、表現の場としての空間——三次元の縦・横・厚みのある世界——が必要なわけです。そこに肉体という〝道具〟を置いて、時間の流れの中でいろいろな表現を工夫しながら「実相」を現していく。これが人生の意義です。

人生は、表現芸術と同じように、時間と空間を必要とする表現の過程（プロセス）なんです。ですから「人間は何のために生まれてきたか」といえば、「実相を表現するためである」と言えます。

この表現の過程では、一回で満足のいく結果など、ほとんど得られません。人間は〝無限の能力〟をもち、神様から〝無限の御徳〟を継承しています。それは一回の人生だけではとても表現し尽くせるものではないので、またこの世に生まれ変わってきて、別の立場で表現の続きを行うことになります。その時、前世の生活からいわゆる「業」――まぁ、これは一種の〝遺産〟ですが――それを引き継いでくる。遺産には債務と債権があるように、業にはマイナスの業（悪業）もあればプラスの業（善業）もある。それらを引き継いで生まれ変わってきて、よい表現はさらに向上させ、間違った表現は再び間違わないように注意して、またやり直すということになります。

ですから、この質問者は「人間にとって最高の幸福とは何か？」と訊《き》いていますが、それには「表現がうまくいくこと」だとお答えします。言葉を換えて言えば、我々の内部に宿る神性・仏性が満足するような表現ができること――これが人間の幸せです。

この「幸せ」は個人の段階にとどまりません。再び芸術の世界に喩えれば、人生にも〝観客〟がいるのです——つまり、絵画の鑑賞者とか、音楽の聴衆とか、小説の読者とか、そういう人々も芸術表現が成功すれば「すばらしい作品だ!」などと喜んでくれるでしょう。すると、表現者の方も、自分の表現は単なる自己満足ではなくて、人々と共有され、評価されていると知って喜びが倍増する。一つの作品を媒介として、〝表現する側〟と〝鑑賞する側〟の心の交流ができるのです。これは、高度な〝自他一体〟の自覚であり、素晴らしい広がりをもった喜びの世界がそこに現れる。ですから、これは「最高の幸福」と言えると思います。

喩え話を使って説明しましたが、実際の人生の場面では、どのケースがどのように幸福であるかというのは、各人が置かれた立場や条件によって皆、違ってくるでしょう。

(二〇一〇年一月十七日、高知市の高知ぢばさんセンター)

現象世界の人生は苦しみか

Q なぜ人間は神の完全のみを思わず、不完全な現象世界をつくって苦しんでいるのでしょうか？（五十五歳・男性）

A 「人間はなぜ不完全な現象世界をつくって苦しんでいるのか」という質問です。しかし、皆さんは本当に苦しんでいるのですか？　「苦しんでいる」かどうかというのは、かなり主観的な感想なんであります。この質問者は、ご自分の人生を回顧されて「苦しんでいた」と思われているのかもしれません。しかし、同じような人生でも、苦しんでいると感じない人もいる。例えば、午前中も冬季オリンピックの話をしましたが、スポーツ選手というのは、はたして「苦しんでいる」のでしょうか？本人に聞いたら、練習中は「苦しんでいる」と答えるかもしれない。そして、確かに苦しい顔をして、苦痛を感じているでしょう。でも、それを経験した後に記録を伸ばすとか、メダルを取ったりした場合、同じ人に同じ質問をしてみます。「あなたは今まで苦しんできましたか？」と……。すると「いいえ、決して苦しんでいませんでした」と答えるかもしれない。「うれしいですか？」と訊《き》けば、「ええ、うれしいです」と言うに違いない。これは、苦痛の感覚というのは、喜びに変わり得るということを示しています。

それと同じように、現象世界は〝表現〟の過程ですから、表現の途中では、気分が上がったり下がったりすることがある。同じことが苦しかったり、楽しかったりするのです。これは、芸術表現のことを考えてみればいいでしょう。例えば役者でも、苦しい修業の時代を経験して、表現のレベルがある一定の水準に達すると、それから先は表現することが楽しくなり、それが生き甲斐になります。これを体験することに意義があるのです。

私たちが味わう「苦しみ」とは、何の結果もない、実りもない、ただ苦しくつらいだけの経験ではなくて、自分の〝古い殻〟や〝ニセモノの自分〟を打ち破り、新たな、より本当の自分が現れるための〝内的圧力〟みたいなものです。その過程で、我々は、多少、現象的にはつらい経験をするかもしれません。しかし、それは私たちの、まだ幼いころの体験と似ています。ハイハイの時期には、本当は立って歩きたかったけれども、立てなかったのです。言葉をちゃんと喋《しゃべ》りたかったけれども、喋れなかった。その状態を、練習を繰り返した後に、赤ちゃんは克服する。そして、「マンマ」とか「ママ…」と声を出して、ニコッと笑うじゃないですか。この赤ちゃんの「発声」にいたる過程を考えた場合、それは、肉体という道具をうまく使えない段階から、しだいに使えるようになっていく過程です。これを〝苦しみ〟と感じる人と、〝楽しみ〟と感じる人がいると思うのです。そして、生長の家は、それを〝楽しみ〟と感じ、考える教えなのです。どちらが本当かというと、ある意味ではどちらも本当である。もし本人が「苦痛だ」と考えたら、本当に苦しくなります。

不完全を意識するのは完全である証拠

では、人生は苦しいか楽しいかの問題はここで終り、「なぜ人間は神の完全のみを思わず、不完全な現象世界をつくるか」という質問に答えましょう。この質問者の方は「神の完全な世界のみを思わず…」と言っていますが、我々は実は「神の完全な世界」を常に思っているのです。私たちは物事を見るときには、心の中に〝ある基準〟を掲げ、それを通して見るのです。例えば今、ある著名な政治家が嫌疑をかけられている問題では、我々は皆、ある〝物差し〟を通して、報道されている本人の言動を測っているのです。この物差しとは、心の中の〝善悪の基準〟みたいなものです。それを相手の言動に当てはめて「善い」と思ったり「悪い」と思ったりする。その基準に満たないときは、「あの人は不完全である」と思う。母親から一年間に何億円ももらっていながら、その事実を「知らなかった」と言ったとしたら、普通、「それはオカシイ」と思います。これはやはり、我々が皆、ある基準を心の中にもっていて、「立派な大人で、税金を使って国の政治を動かす仕事をしているのなら、そんなことを知らないはずがない」と思う――これは一種の基準です。こういう基準の最高のものが「完全性」なんです。

私たちが何かを「不完全だ」と気づくのは、心の中にもともとこの〝完全性の基準〟

があるからです。その物差しで人を測ったり、社会を測ったり、製品を測ったりすると、「あの人は怒りっぽい」とか、「この社会は犯罪が多い」とか、「この製品はすぐ故障する」などという不完全に気がつくわけです。つまり、外の世界に「不完全を意識する」ということは、私たちの心の中に「完全なものがある」ということの裏返しなんです。だから「我々は神の子である」という言い方ができます。

そうすると、不完全を意識して「苦しむ」ということは、実は、私たちの中にある完全性を表現したいという……何と言いますか……表現のためのプレッシャー（圧力）なんですね。これを苦しみと感じるか、楽しみと感じるかは、先ほども言いましたが、個人の考え方の相違なのです。生長の家では、この表現のための心の圧力を「楽しみ」として感じましょう、と皆さんに申し上げているのです。

そう考えてくると、私たちが「現象世界は不完全だ」と感じているという事実は、すなわち、我々が〝神の子〟として〝仏〟としての高い基準（完全性の基準）を心の中に秘めている証拠である、と言えるのです。我々の飼っているイヌやネコは、そんなことで悩まないでしょう？　「あの飼い主は怒りっぽくていけない。だからもっと優しくしろ…」なんて考えたりしない。サルは、「この世をもっと住みよい世界に変えよう」なんて思っていないです。人間だけがそうしようと考える。これはやはり、人間が心の中に〝完全性の基準〟――つまり、神性・仏性をもっている証拠なんであります。

（二〇一〇年一月十七日、高知市の高知ぢばさんセンター）

〝悪い現象〟は人間にとって必要か

Q 〝良い現象〟と〝悪い現象〟があって、〝悪い現象〟こそ必要、必然であって、それを直視し、体験できたことに感謝し、それを成就していく生き方でよろしいのでしょうか？（六十九歳・女性）

A この質問には、世の中には〝良い現象〟と〝悪い現象〟があって、〝悪い現象〟こそ必要、必然であると書いてあります。しかし、生長の家ではそう考えないのであります。時々、神様や仏様を考える時に、これと似た考え方をする人がいて、よく本にも書いてあるんですが、「試練」(板書する)という言葉——神様は、試練や困難をもって人間を導きたまうと考える。そういうことを説く信仰は確かにありますが、生長の家ではそうは説かないのです。

神様はすでに「実相世界」を私たちに与えてくださっていて、私たちの実相も神であり仏である——というのが、生長の家の根本の信仰です。一見「試練」のように見えることが起こるのは、皆「現象世界」でのことです。一般的には病気も、戦争も、経済不況も「試練」であるという捉え方はありますけれども、これらは皆、現象のことです。「現象」というものは、午前中に説明したとおり、神様の創造ではなく、人間の心によって生まれたり消えたりするのです。これは、月が湖の表面に映っている時(図9)、こう波が立つと、円い満月

図9

の月であっても壊れて見える――そういう喩え話をしました。この〝波〟に当たるのが人間の心です。これが起ころうが起こるまいが、本物の月の円さ（神の創造）とは関係がない。

経済学を学んでいる人にはよく分かると思いますが、経済はほとんど人間の心によって動いていますね。株式の相場とか、外国為替市場とか、商品の値段とか……それから企業の「格付け」というのがあるでしょう。優秀な会社は「A」とか「AA」と評価されます。これらの数字や評価は皆、その企業の業績とか経営者の考え方とか、将来の見通しなどを人間の心が判断して、上がったり下がったりする。そして、そういうことがすぐに金銭的に経済にも反映してくる。これを「試練」としてとらえるのはいい。しかし、その試練は神が与えたのではなく、人間の心が自らつくったものです。

これらは皆、人間が〝心の世界〟という仮の舞台でやっている一種の演技であります。そこでは〝試練〟が起こるように見えるかもしれません。戦争が起こったりテロが起こったり、夫婦ゲンカが起こったり、病気になったりする。しかし、それらの好ましくない事件は、人間がやる演技ですから、「神様」が起こすのではない。「神は人間を導くために試練に遭わせる」と説く宗教も確かにありますが、生長の家ではそう言わないんです。午前中も申し上げたとおり、神様はすでに実相世界をつくっていらっしゃって、これはもう完璧であって、我々人間もその中にあって完全である。だから、神は試練をつくって導く必要もない。しかし、その完全性はまだ表現されていないのです。

人間が心でつくる現象世界は、この完全性の表現のための〝舞台〟なのです。これを別の譬えを使って言えば、我々は自分の完全性の表現のために、頭の中に「現象」という場を作り出すわけです。そこで〝試練〟と感じられるような事件が起こるのです。

試練というのは、例えば絵描きさんが絵を描くのにも似ています。これは表現活動の一つです。けれども、自分の描きたい絵が、最初から、易々と描ける画家はいないでしょう。あるべき所に、あるべき色が常に置けたり、線が引けたりするわけではありません、どんなに名人の画家でも（笑い）……。ちょっと手元が狂って変なところに点を打ってしまったり、色がのってしまったり、また、間違った色を塗ってしまうこともある。そうすると、絵描きさんはそれを見て、「どうもおかしいなあ」「どうも自分には満足できない」と感じて、それを修正しますね。誰に教えられるわけでもないのに、「おかしい」ということが分かる。それと同じように、我々人間は、人生を生きながら、いろいろと判断し、行動しながら、「どうもうまくいかない」と感じる現実に遭遇するのです。これが「試練」と呼ばれるような事態です。しかし、これは内部から起こってくる違和感のようなものであって、神様が与えるのではない。表現したいものが表現できないという違和感であり、焦燥感でもある。本当のもの、自分の表現したいものが表現できなくて困っている状態です。その原因は〝外〟にあるのではなくて、我々の〝内〟から来る催しです。しかし、その「おかしいよ」というメッセージが、外から聞こえてくるように感じる場合もあるわけです。

観世音菩薩からのメッセージ

このことを仏教では「観世音菩薩」と呼ぶことがあります。こういう字を書きますね。(板書する)この意味をご存じの人は多いと思いますが、「世の中の響き(音)を観ずる」ということです。つまり、世の中にあるバイブレーションと自分を同一化して――別の言葉で言えば、現象世界の悩み苦しみを自分の中に取り込んで、それを伝える役割を果たす菩薩さんです。世の中の悩みのメッセンジャーであり、それはまた、自分の悩みのメッセンジャーでもある。そういうメッセージを送ってくれるように思える相手は皆、観世音菩薩である。絵描きの比喩を使えば、カンバスの上に自分が描きつつある絵の中には、「おかしい」とか「不満だ」とか「うまくできた」などと感じさせる部分が出てくるでしょう。それらすべてのものが、観世音菩薩だと言える。なぜなら、絵を完成させるために必要なメッセージを送ってくるからです。

私がここで強調したいのは、「観世音菩薩」とは自分の〝外〟にいるように見えても、本当はそうではなくて、自分自身の「内部神性」のことだということです。人間にとって、他人や環境は絵描きのカンバスであり、〝合わせ鏡〟のようなものです。自分自身の一種の〝反省の弁〟が、外からのメッセージのように体験されるのです。だから、人生の様々な局面で「三十三身に身を変じて教えを説く」と言われる。しかし、教えを説いているのは、結局は自分自身なのです。絵描きさんは、絵の一部を描き損じたならば、その間違ったところは自分で分かって直すでしょう。それと同じように、我々は自分自身の表現活動である人生を振り返ってみて、間違ったところを自分で直すのです。そういう間違いや失敗が、時には〝試練〟のように感じられるし、あるいは観世音菩薩の〝説法〟のごとく聞こえてくる。それはそれでいいんです。だから、生長の家は「観世音菩薩の信仰」だと言っても間違いではない。『真理の吟唱』（谷口雅春著）には「生長の家の礼拝の本尊は観世音菩薩なのである」と明記されています。観世音菩薩は、本当は自分の中にあるのだけれども、外からメッセージを送って下さるように感じられる。そういう複雑な人間の心の働きを、仏教では分かりやすく擬人的に表現しているのであります。

ですから、悪い現象は必然ではないんです。必然ではないけれども、人間には自由意思があるので、それを間違って使うと悪い結果になる。「これはマズイですよ、そんなことしたら失敗しますよ」という教えが、歴史の本や過去のいろいろな文献にも書いてあり、親からも教えられ、さらにおじいちゃん、おばあちゃんからも聞いていても、「みんな何言ってるの。これは私の人生よ」というわけで(笑い)、自由意思を使って、そういう〝教え〟や〝教訓〟を無視して行動する人も中にはいる。そういう人には、悪現象が訪れるわけです。

そんな時も、「やっぱり間違っていたなぁ」というメッセージが聞こえてくる。そこから学んで正しい表現の練習を繰り返す。すると、より完全な神の子の実相、仏の実相がだんだん表現できるようになって、人間は霊的に成長するのです。

そんな間違いをしたり、わざわざ練習を繰り返す必要のない人ももちろんいます。それは、それぞれの個性の違いですから、なんとも言えない。「必然だ」と言ってしまうと、どんな人も等しなみに悪い現象に遭《あ》わないといけないという意味になりますが、決してそんなことはない。しかし逆に、悪現象に遭うことがきっかけになって神性・仏性を飛躍的に開発する人もいます。でも、人類の全員が例外なくそういう〝試練〟に遭わなければいけないのではない。そういう〝試練〟を自分でつくり出す人もいるということです。その場合も、神の試練ではありません。

（二〇一〇年六月二十日、富山市の富山県民会館）

万教帰一について

仏壇の前で聖経を唱えてもよいか

Q 「万教帰一」のお話がありましたが、仏壇の前でお経（仏教）とともに生長の家の聖経を唱えても、相手を侵すことにならないと考えていいのですか？（年齢、性別不明）

A これは、まだ生長の家の信仰に入られて間もないか、初めて講習会に来られた方の質問かもしれません。家では、仏壇の前でお経を読んでいらっしゃるのだろうと思います。

生長の家で「聖経」と呼ぶのは、聖経『甘露の法雨』や『天使の言葉』『続々甘露の法雨』などいくつかありますが、これを読む場合は仏壇の前でもいいし、神棚の前でもよいということになっています。でも、まだ生長の家の教えを十分理解していない人が読む場合は、仏壇の前で聖経を読誦していても、「この教えは仏教とは違う……」などという意識をもたれると思います。本当は違わないんですけれどもね……。そういう場合は、「違わない」ということをハッキリ宣言されてから読むのがいいでしょう。

例えば、〝仏様〟に対していつも『般若心経』を唱えていらっしゃるのだったら、「この聖経は『般若心経』に説かれているのと同じ教えを、現代語で表した素晴らしいお経ですから、ぜひ聞いて悟りを深めてください」というようなことを事前に申し上げてから、聖経を読まれるのもいいと思います。ただ、わざわざそんな解説をしなくても、生長の家の聖経は現代語で書いてあることは、読み始めたらすぐ分かります。だから、読む側が心を込めて読めば〝仏様〟もしっかり聞いてくださると思います。しかし、もし「違う」ということが気になるのなら、今、申し上げたような事前のご挨拶を少しされてから、読まれるのがいいと思います。

そして、聖経を読むときは、〝仏様〟に語りかける気持で、親しみを込めて読むのがいいでしょう。それは結果的には、自分に語りかけることにもなります。まあ、そういう真理を媒介としたご先祖との心の交流の場として、聖経読誦をされるのがいいでしょう。

私の家には大きな神棚がありましてね、その前で聖経読誦をしています。もう毎日のことですから、いちいち事前のご挨拶は何も言いません。天津祝詞《あまつのりと》を唱えてから、聖経を読みます。それから先ほど、私の妻が「伊勢が故郷である」という話をしましたが、伊勢の妻の実家へ行くと、そこには立派な仏壇があるのです。そして、そこには『般若心経』の隣に聖経『甘露の法雨』が置いてあります。今日は来ていらっしゃるかどうか分かりませんが、妻の母親も白鳩会員ですから、そこで状況に合わせて、どちらかのお経を読んでいるのだと思います。

生長の家の聖経読誦は、大変自由であります。あまり形式にこだわらなくていいのです。もし神棚も仏壇もないが、どこかで読みたいという場合には、どこで読んでもよろしい。部屋の中だったら床の間に向かって読んでもいいし、洋室だったら窓に向かって読んでもいい。通勤途中の電車の中で読んでもいいんですよ。これは、どちらかというと自分の心に語り聞かせるという意味があります。特に読み聞かせる相手がいなくても、自分に語りかけるために読んでもいいでしょう。

（二〇〇八年三月三十日、伊勢市の三重県営サンアリーナ）

「万教帰一」のことを詳しく教えて

Q 「〝万教帰一〟のことをもう少し詳しく教えてください」（年齢不明・女性）

「生長の家の教えでは、神は罰を与えないということですが、映画『十戒』[*1]の中で、モーゼが山にこもっている間に、不安になった人々が金色のウシを作って崇拝し、罰せられたというシーンがありました。…ということは、『十戒』の中の神様（ユダヤ教の神様？）は本物ではないのですか？」（六十二歳・男性）

A 『十戒』は結構古い映画ですが、よく覚えていらっしゃいますね。これは、旧約聖書の記述に従って映画化されたのでしょう。旧約聖書を少し詳しく読むと分かるのですが、その中の神様は「嫉妬の神」であり、「怒りの神」だと自ら宣言されているんですね。でも生長の家が説いている「万教帰一」ということは、「教典に何が書かれているか」を全く無視するわけではありませんが、各種の教典に書かれていることが皆同じだという意味ではないんですね。午前中の話では、この辺のところがご理解いただけなかったのかもしれません。

世界の宗教の教典は実に千差万別で、いろんなことが書いてあります。これは神道でも、仏教でも、キリスト教でも、ユダヤ教でもそうです。その多様性は明らかです。それは教典を書いたのが人間で、人間が多様だからです。『コーラン』には神の言葉が直接書かれていると信者の間では言われていますが、結局、それは人間が使う言語で表現されている。具体的にはアラビア語です。旧約聖書はヘブライ語で書いてあり、新約聖書はギリシャ語です。では、神様は何語を話されたのでしょうか？　皆さん、どう思います？　一体神様は何語を話されるのでしょう？

人間が神から啓示を受ける時は、どうしても一度人間の言葉に〝翻訳〟された形で伝達されることになります。すると、そこには必ず人間の側の「理解」や「解釈」が付け加わり、それがやがて何語かの文章として固まっていくことになるわけです。午前中に「神」の説明をする時に、日本の神様の名前を書きましたね？　それから「八百万《やおよろず》の神」の話もしました。こうして「八百万の神」とか「天之御中主神《あめのみなかぬしのかみ》」などと名前を文字に表したら、それは如何に偉大な神であっても、その名前は、ある国のある文化に基づいた、ある時代の一個の表現物になってしまうのです。神様の名前一つとってみても、それは人間の心によるスクリーニング（screening：ふるいわけ）をへた、限定された表現物になります。つまり、全知全能の神の偉大性が表現できない。そして、その神が物語形式で描かれるようになると、さらに人間の側の一種の〝脚色〟が付け加わることになる。だから、宗教の教典は文字面だけを見ていたら、文化的な、時代的な違いばかりが目立ってしまい、それは各宗教によってみんな違うのです。だから、教典の文字通りの意味だけを問題にしているのでは、〝万教帰一〟は分かりません。これは、メタファー（喩え話）でしか真理は表せないということにも通じます。

午前中にも申し上げましたが、私たちが使う「言葉」というものは、まず日常生活に必要なごく当り前の事物を表現するために作られたものです。そして、それが組み合わさって複雑な概念を表すようになってきています。しかし、私たちが「神」を感じるのは、そういう当り前の日常とは少し違う次元です。だから、非日常を日常の言葉で表さねばならない。その表現は大変難しくなるわけです。それで、「人間が金色のウシを作って崇拝したことを神が罰した」と書いてあっても、それは何といいますか、神が人間の一種の〝代役〟をしていると考えたらいいでしょう。難しい言葉でいえば、これは「擬人法」の表現です。

もう少し日本的な文脈に置き換えてみます。仏教には「観世音菩薩」という考え方があります。普通我々は「観音様、観音様」と呼んでいるものです。午前の体験発表の中でも触れられましたが、ある事件が起こり、あるいは或る人が何か嫌なことをしても、そのことを後から考えてみたら〝仏の教え〟だと分かったという話です。そういう理解の仕方が、宗教的体験の中には大変多いのです。例えば、「意地悪なので憎い」と反発していた姑《しゆうとめ》のあの言葉が、振り返って考えてみたら実は観世音菩薩の教えだったと分かった、などという場合です。では一体、観世音菩薩は何語をしゃべったのでしょう？　それは、具体的に、ある「〇〇子さん」という日本人が言葉をしゃべっているから、確かに日本語であるけれども、その言葉自体が観世音菩薩の言葉ではなくて、聴く人の解釈が、神様、仏様の教えを心の中に生み出したということです。だから、観世音菩薩はどこにいるかといえば、結局、その人自身の心の中にいるわけです。

本当の神は罰を与えない

これと同じように、宗教の世界で「罰が当たる」というのも、「自分の解釈が自分を罰する」のです。罰を与える神様は〝外側〟にいるように見えるけれども、結局、自己処罰をするということです。しかし、「自己処罰」なんて言葉は、旧約聖書の時代の人が聞いてもよく分からない。大体、心理学などという学問は存在しなかった。そんな時代には、「他の神を崇めたら罰せられる」と教える方がわかりやすい。けれども、今は精神分析学や心理学が発達してきているから、人間には潜在意識と現在意識があるという点からも説明できる。

図10

午前中に十分話す時間がなかったので、図（図10）を出して説明しましょう。これは私がよく使う図ですが、人間の心を「潜在意識」と「現在意識」という二つの部分に大きく分ける考え方です。これを喩えてみれば、オホーツク海に浮かんでいる氷山のようなものです。海面から上に浮かんで見えている部分を「現在意識」と考え、海面から下に潜っている部分を「潜在意識」だと考える。

このように、我々の心というものは、単純な〝一つの心〟ではなくて、いくつかの層に分かれている。ある時のある行為に対して、それを「大変いい」と思っている心があるかと思うと、その行為に対して「大変悪い」と思っている心もあったりする。そういう矛盾したものが人間の心であるわけです。だから、午前中、例として挙げた秋葉原の路上で人を刺した人も、「オレが殺したいから殺したんだ」とうそぶいている心（現在意識）

をもっていながら、一方では、そんな自分を厳しく罰する心もあるはずなんです。ただそれは、その人の心の大変プライベートな部分ですから、多少の取り調べでは分からないこともあり、したがって新聞記事に出てこないかもしれない。

そういう自分の心の中の〝本当の叫び〟を外側に映し出す――心理学では「投影する」と言いますが、このような複雑なことを潜在意識は行うのです。

お寺へ行くと、仁王様とか鍾馗《しょうき》様とか、いろいろ恐い顔をした神仏の像があるでしょう。あれは、自分の心を外側に投影していると思って見るといいのです。四天王なんかは鬼を踏んづけています。それは、自分の中の欲望を「いけない、いけない」と言って押さえつけている姿だと、こう外側に映し出して考えてみるといい。すると「ああ、こういう欲望を制御しようという高貴な心が自分にもあるな」ということが分かって、自然に頭を下げたくなるのです。これは、一種の〝怒りの神〟で、〝罰する神〟です。「投影」という心理的メカニズムの一つです。旧約聖書には、「神」がそういうものとして描かれている箇所があります。それは、我々が仁王様や鍾馗様を「神」と呼ぶのと似たような意味での「神」ですが、それを「唯一絶対神」と考えてはいけない。

旧約聖書をよく読むと分かりますが、ユダヤ教やキリスト教は唯一絶対神を信じるといいながら、「ヤハウェ」(Yahweh) という名前の神様と、そうでない「エロヒーム」(Elohim) という神様の二種類があるのです。*2 だから、それぞれの神様はどういう意味での「神」であるかを、前後関係から正しく解釈する必要があります。このように、聖書や仏典、それから『コーラン』などの宗教の教典、また生長の家の本もそうですが――を読むときには細心の注意が必要です。これは一種の〝喩え話〟や擬人法として書かれているのか、それとも神の御心がそのまま書かれているのかということは、真理を相当勉強している人でないと分からないこともあります。

この「金色のウシを崇拝して罰せられた」という話は、もしかしたら当時、それに似た不幸な出来事が実際に起こったかもしれないけれど、書かれた通りのことがあったかどうかは分からない。結局、旧約聖書のライター(書き手)がそう解釈したということです。これには真理が含まれています。それは、いわゆる〝偶像崇拝〟をした結果、「自己処罰」したと解釈できる。人間は自分で自分を罰するというのはご存じでしょう？　これは潜在意識がやるのです。人間は、わざわざ自分が不幸になるような行動を無意識にとることがある。精神分析学では、このことは常識になっています。

生長の家の教えでいう「神は罰しない」という場合の「神」とは「唯一絶対神」のことであり、天地を創造された神ですから、完全な世界をすでに創造されている神は、何かを罰する必要なんかないのです。これは『創世記』の第一章にそう書いてあるんです。神様は天地を創造された後、ご自分が創造されたすべてを見て「はなはだ良かった」と宣言されたと書いてあります（第一章三十一節）。神が天地創造をされて「はなはだ良かった」と満足されたものが、後から悪くなりますか？　神様は失敗作品を造られないはずですから、一度造ったものが後から悪くなるはずはないのです。もし神様が、一度完全に満足された世界を創造されたとして、それを放っておいたらどこかがおかしくなってきた……不完全なものになってしまったとすると、神様と人間との違いがなくなってしまいます。

人間は、ある時、例えばすばらしく性能のいい自動車を造ったとしても、使うにつれて部品が摩耗したり、ゴミやホコリが詰まったりして、整備しないかぎりそれはやがて故障します。人間の作品とはそんなものです。でも、神様が一度世界を創造されて「はなはだ良かった」と仰ったら、その世界は完全な世界であり、完全な世界は時間とともにおかしくなるはずがないんです。もし神の創造した世界が時とともにおかしくなるのだったら、我々はそんな神様を信仰の対象にしてもあまり意味がない。なぜなら、人間とさほど変わらないからです。それよりも、民主主義制度の下で首相を選んで、政策が破綻してきたら別の首相に変わってもらった方がいいかもしれない。

教典の万教帰一的な解釈

そういうわけで、宗教の教典は、それが書かれた当時の常識で分かるような表現法を使っていると考え、そのことを念頭に置いて読むべきでしょう。だから、二十一世紀の我々の考え方にもとづいて、この〝金色のウシの話〟を文字通りに解釈するのでは不十分だと私は思います。これは〝金色のウシの話〟だけではなくて、すべての歴史ある宗教の教典に当てはまることです。

では、この話を万教帰一的に解釈したら、どうなるか。私は、これは人間の「自己処罰」の感情を擬神化（神でないものを神に見立てること）し、「罰を与える神」として外に投影したものだと思います。そのように解釈していただくと、これと同様の方法は、何も聖書に特有の珍しいことでも何でもないと気がつきます。仏典にもそういう〝擬人法〟や〝擬神法〟を使ったストーリーは出てくるし、神道の教典にも出てきます。例えば、『古事記』の神話にも、「不幸にあう神」が出てくるじゃないですか。大《オオ》国主命《クニヌシノミコト》でも、日本武尊《ヤマトタケルノミコト》でも須佐之男命《スサノオノミコト》なんかも、不幸な道を自らたどる。こういう神は、唯一絶対神ではなく、人間の心や理想を投影したものです。日本の神様というのは、「完全な神」として描かれることはあまりなくて、すごく人間的で、弱いところも未熟なところもある。ギリシャ神話や、ローマ神話の神様なんかも、そんな所がありますから、いろいろと比較対照できる。これには「神話学」というのがあるでしょう？　世界の神話を研究して、その物語や登場人物の中に共通点を見出して、そこから「人間の心」を知ろうとする。そこから、「土地や民族や時代は違っても、人類の心は共通している」ことを見出す学問です。もちろん、文化的な差異は認めるのです。そういう学問の研究者は日本にも、またアメリカやフランスにもいらっしゃいます。まあ、これは学問の領域に属することですから、詳しいことは申しませんが、「日本昔話」などの中にも、世界の神話と共通したストーリーが出てくるのです。それは「人間の心」が、昔から今に至るまでそれほど変わっていない証拠です。

ですから、宗教の教えの中にも、そういう人間の心理を外部に投影した形で説かれているものがあり、それを〝神の教え〟とか〝仏の説法〟などと言うこともある。それは、「神そのもの」とか「仏そのもの」というよりは、人間心理の擬神化であることが多い。また、それらは文化的、時代的違いによって、細かいところが異なってくるということになります。

ちょっと複雑で、専門的なことを申し上げましたが、そういうわけで、宗教間には、表面的に比べると違うことがたくさんありますが、もう一歩、突っ込んで深い所を考えていただくと、共通したものが見えてくる。万教帰一とは、そういう共通点を重視する考え方です。

（二〇〇八年六月二十九日、北海道北見市の北見芸術文化ホール）

＊1　映画『十戒』は、奴隷だったイスラエルの民を率いてエジプトから脱出させる預言者・モーゼを主人公にした作品。この質問の該当箇所は『旧約聖書』の「出エジプト記」第三十二章にある。

＊2　カレン・アームストロング著、高尾利数訳『神の歴史――ユダヤ・キリスト・イスラーム教全史』三〇～三六ページ。

「神」と「仏」に区別はあるか

Q　講話の中で、「神の子」と「仏の子」が区別されているように思いました。また、現実社会でも、「神事」と「仏事」は区別されています。生長の家では、神仏いかなる方向から教えられているのでしょうか？（八十六歳・男性）

A　先ほどから申し上げているように、生長の家は「万教帰一」――すべての教えはただ一つの神から発する、ということを教義の基本としていますから、「神」と「仏」は区別しないのであります。この二つは、確かに学問的には区別できますし、葬式や結婚式などで社会的には実際に区別されています。しかし、「万教帰一」を信奉している生長の家では、あえて区別しないのです。区別しようと思えば、その理由はいくつも考えられるのですが、我々は「神」と「仏」というものは、共通のものを文化によって違う呼称で呼ぶだけだと考えるのです。「共通点を強調して、違うところは強調しない」というのが我々の基本的な態度であります。

もう少し具体的に言いますと、「神事」といえば普通、神道のお社の前でいろいろな儀式をやることですが、神道においては葬式を盛んにはやりません。「死」というものを嫌うからです。だから人が亡くなったら、仏を信じる仏教のお坊さんがやってきて葬式をしたりするのです。でも生長の家では、そういう区別をしなくてもよろしいということになっています。宗教上の様式や形式にはこだわらないのです。もし、皆さま方の家庭が先祖代々お寺の檀家であって、その世話を受けているのだったら、結婚式も葬式も仏前でやってもいいし、また、お寺との関係が薄い場合には別の方式でやってもいい。

この「儀式」や「様式」というものは、宗教の〝周縁〟に属するものである。私は、宗教を〝目玉焼き〟のように二重構造にとらえる考え方を提案しているのですが（図11）、その場合、儀式や様式などは目玉焼きの〝白身〟に当たる「周縁部分」ということになります。儀式や様式は「形に表れている」から比較的分かりやすいのです。これに対して、宗教には「中心部分」があると考えます。これは〝目玉焼き〟の〝黄身〟に当たるところで、宗教上の真理の「核心に触れる部分」だと考えてください。先ほど実相と現象の話をしましたが、この真理の核心に触れる部分――〝黄身〟の部分――は「実相」や「真理」に該当する。これらは、言葉を尽くしてもすべてを説明しきれないものです。仏教の禅宗には「不立文字」という言葉があります。「真理そのものは文字を立てて表現す

図11

ることはできない」――言葉では言いつくせないという考え方です。この「真理そのもの」が宗教の中心であると言える。

しかし一方で、言葉を使わない宗教は存在しません。仏教の数多くのお経もキリスト教の『聖書』もイスラームの聖典『コーラン』も皆、文字で書かれているわけです。だから「宗教の教えの神髄は文字で表現できない」といっても、教えを伝えないわけにいかないから結局、文字や言葉で説明せざるをえないわけです。こうして、真理（目玉焼きの黄味）を衆生（一般信徒）に説明するための文字を含めた様々な工夫――周縁部分（白身）――が生まれてくる。伝道の手段として、いろいろな言葉や文字、いろいろな方法が使われる。これは書物であったり、修行の方法であったり、そして儀式であったりする。宗教では、そういう工夫を様々に凝らして、衆生を真理に早く到達させるための〝周縁部分〟ができ上がってくるのです。だから私は、宗教は「真理」と「それを伝える手段・方法」という二層構造になっていると考えるのです。そして、この周縁部分は、各宗教によって違うのです。簡単な例を挙げれば、仏教のお坊さんの服装や、祈りや儀式でどんな言葉を唱えるかということと、キリスト教の牧師さんがどんな恰好をし、何を読んでどう教えを説くかということは、全く違うこともあるわけです。

しかし、生長の家では「真理を伝える工夫は皆、違うけれども、その工夫によって伝えようとしている真理は基本的に同じだ」と考えるのです。ですから、「神」と「仏」という言葉の問題を言えば、神の御徳はそれこそ無数にあるけれども、その御徳の特定の側面を強調して「仏」として観ずる――そういう面があるのです。仏の御徳も数限りがないと言われるけれども、「神」では強調され「仏」では強調されない面もある。

例えば、仏教では一般に、仏は「世界を創造する」とは考えない。〝世界〟は初めから在ると考える場合が多いようです。しかし、その代り仏教では「慈悲の心」が強調されたり、「執着からの解放」――つまり、自由自在の障碍《しょうがい》のない境涯が強調され、そこへ救いとるものを「仏」と称することがある。しかしそれが「神の愛」とどれほど違うかというと、私はそれほど違わないと思う。同じものを、一つの角度から見ると「仏」に見えるけれども、別の角度から見れば「神」に見える――そういう違いにすぎないのであります。

（二〇〇八年十一月三十日、山口県の周南市総合スポーツセンター）

霊的な話の宗教的な位置付けは

Q 谷口雅宣先生のお話を聴くのは、今回で二回目です。今日の午前中のお話の最後の方で、〝目玉焼き〟の喩え話があり、とても分かりやすかったです。そこでお尋ねしたいのは、この喩えの中の〝白身〟の部分で、真理は仏教、キリスト教などとつながっているということですが、では今、テレビによく出ている江原（啓之）さんや細木（数子）さんたちが話していることも〝白身〟の部分になりますか？ 人は迷ったら、いろいろ占いに走ったりもします。そんな道に走ってもよいのでしょうか？（四十九歳・女性）

A

四十九歳の主婦の方からの質問です。

私は、江原さんや細木さんが登場する番組を見たことがないので、よく分かりません。けれども想像ですが、たぶん〝霊〟の話をされるんじゃないでしょうか？ 守護霊がいるとかいないとか……そういう話と、宗教の〝白身〟の部分とが一致するかどうかという質問だと理解します。

生長の家で明確に言っているのは、霊は「現象」の一つであるということです。これに対して、宗教が〝黄身〟の部分で説いているのは「実相」のことである。それを別の宗教では、「天国」とか「浄土」とか「神の国」などと呼んでいるのです。霊というのはこのように現象でありますから、そういう霊が棲《す》んでいる「霊界」というものも、現象世界の一部であって、「天国」でも「浄土」でも「神の国」でもないのです。

そういう霊界は、我々が肉体で感じる現象世界（物質世界）の、まぁ近いところにあるらしい。私には見えることはないんですが、そういうものが「見える」という人が時々いらっしゃって、「あなたの背後に指導霊がついてますよ」などという話を人にしているようです。

我々の人生は肉体を通した現象世界で展開しますから、そこではご存じのように、いろんなことが起こります。善いこともあれば悪いこともある。現象世界には、オレオレ詐欺[*1]もあれば戦争もあるし、表示偽装[*2]もあるでしょう？　霊界も心によってつくられる現象世界ですから、これと同じように、善いことも悪いこともある。なぜなら、霊界にも迷っている霊がたくさん棲んでいるからです。だから、生長の家では霊の存在は認めますが、「霊が言うことは正しい」とは必ずしも考えないのです。だから、「守護霊」と呼ばれるものが善いか悪いかということも、ちゃんと人間が判断しないといけない。生長の家では、霊の言うことも、肉体をもった普通の人が言うことと同じように、しっかりとその内容を聞いて、自ら真偽を見きわめましょうと言っています。

私は、江原さんや細木さんが何を言っているのかを具体的に知らないので、お二人のことは何とも申し上げられません。しかし、まぁ霊界の話だったら、やはり注意して聞いて、しっかり判断して、悪いものは「悪い」とし、間違っているものは「間違っている」と言わざるを得ないと思います。中にはいいものもありますよ。しかし、このお二人のことは、私は知らないので善いか悪いか分かりません。

一つ重要なことを申し上げれば、生長の家では、そういう霊界のことをあまり気にするなと言うのですね。なぜかといえば、霊界のことに心を捕えられると、「自分の力が及ばない世界から操られている」という錯覚に陥ることが多いからです。ところが、生長の家の重要な教義は、「人間は神の子である」ということです。その中には、「我々は唯心所現の現象世界を生きているから、自分の心で、コトバの力で、自分の人生を作り上げていく」という意味が含まれます。ところが、霊や霊界の存在にひっかかってしまうと、自分の心や行動よりも、霊界の方が強力だと感じてくる。なぜなら、それはよく分からない世界だからです。人間は、よく分かることよりも、分からないことを恐怖します。恐怖心は、自分を支配してしまうことがあるし、自分の判断をゆがめてしまう。

もちろん、生長の家でも「霊はいる」「守護霊はいる」と考えます。しかし、そういう霊の中にも、現象的には「迷った霊」もいれば「低級霊」もいるわけです。聖経『甘露の法雨』にも、「心臓も有《も》たざるに心臓病にて苦しめる霊あり」と書いてあるじゃないですか。人がどういう守護霊を得るかは、それぞれの人の心の持ち方しだいです。そこには、心の法則の一つである「親和の法則」が働くから、似たもの同士が寄り合ってくるのです。フラフラとした信仰の人には、それに相応《ふさわ》しい迷った霊が寄ってくることになります。

ですから、「どんな守護霊が背後にいるか？」などということに過大な関心を寄せない方がいい。そんなにチラチラと後ろをふり返っていたら、前へ行けないじゃないですか。自分が前進するためには、毎日、先祖供養したり、父母に感謝して明るい心で生活していれば、善い守護霊がつき、また守護霊自身が向上するんです。あまり後ろを気にしないで、前を向いて、「実相」の方向に向かってまっしぐらに進んで下さい。これが、私たち生長の家がお勧めする生き方であります。（拍手）

私たちには、時々、自分ではよく理解できないけれども良いことがあったりする。自分では思いもしない発想が浮かんできたりとか……。あるいはその逆もあります。考えてもいない嫌な思いが出てきたりする。そういう時は、霊の〝干渉〟や〝手助け〟があるかもしれないけれど、それらを是とするか、否とするかは、基本的には我々が自分自身で判断しないといけません。それを「誰かに教えてもらおう」などと依頼心を起こすと、その教えてもらう人の言いなりになる危険性が生まれます。そういう意味で、我々は霊との関わりがある中でも、「人間は神の子である」という信仰をしっかりと捧げ持っていることが一番大切なことなのであります。

さて質問は、霊をめぐる現象――霊のお告げとか霊界通信などが、宗教の〝白身〟の役割を果たすかどうかということでした。が、このように考えてくると、霊界の話は一種の〝諸刃の剣〟です。それは「人間・神の子」の自覚に導く場合もあれば、「人間は霊のいいなり」という間違った信仰に落ちる場合もある。その点に十分留意して、興味半分の態度や、依頼心から霊や霊界に関わることがないように。関わる場合には、生長の家の信仰をもった宗教上の指導者に十分相談してからがいいと思います。

(二〇〇八年十月五日、長崎県の佐々町文化会館)

＊1　オレオレ詐欺は、「オレだよ、オレ」などと電話をかけ、家族や知人を装って指定した銀行等の口座に現金を振り込ませる詐欺の手口。〝振り込め詐欺〟ともいう。

＊2　表示偽装とは、生産者や販売店などが商品を消費者に高値で売りつけるため、故意に誤った産地や消費期限を表示して販売すること。

宗教はすべて正しいのか

Q 「万教帰一」についてお尋ねいたします。誌友会でのことですが、「生長の家は〝万教帰一〟と説くので、種々の宗教は全て正しいと考えていいのでしょうか？」と質問を受けました。どのように答えたらよろしいでしょうか？（六十四歳・女性）

A そう簡単には「すべて正しい」とは言えないです。

これを説明するには、登山に喩えるのが分かりやすいかもしれません。山に登るためには、いろんな登り方があります（図12）。ゆっくりと何回も山の周りを回って、ようやく頂上まで達する道（A）があってもいいし、体が強健な人にとっては、もっと肉体的に労力を要するロッククライミングのような方法を使って、直線的に、最短距離で頂上まで行く道（B）があってもいい。

今、単純化するために、AとBの二つの登山道だけがあったとします。その場合、どちらも向かっている方向は同じであり、「正しい」とも言えます。宗教でもこのように、それぞれの人の個性や経済状態、悩みの程度、あるいは文化的、時代的背景などの違いに応じて、いろいろな教えの説き方が行われてきました。そして、それが「宗派」という形に分かれていることが多いのです。そういう場合には、多くの宗教は「頂上を目指している」という意味で「正しい」と言っても間違いではないのであります。

ただし、例外もあります。それは、途中までは連れて行ってくれますが、そこから先は〝頂上への道〟とは違うことを教えるような宗教であります。また、

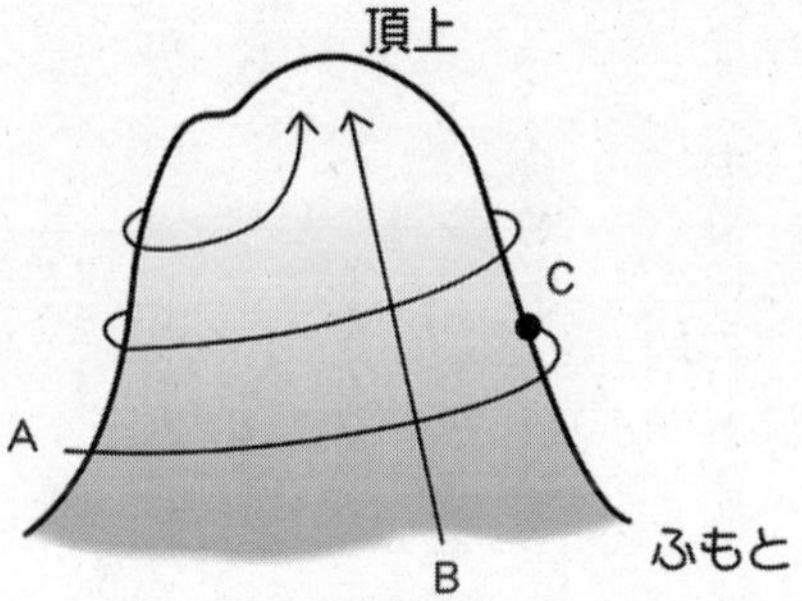

図12

個人的な、あるいは歴史的な事情があったりして、「もうここ（C）でよろしい、ここであなたは救われるんです」といって、進歩向上を求めない宗教もあります。それは「正しい」とか「正しくない」という判断とは違って、言わば〝中間的な目的の教え〟であります。それは例えば、金が儲かればそれが〝救い〟である。病気が治ればそれが〝救い〟であるというように説いて、それから先は何もやらなくてよろしい、というニュアンスの教えを説く宗教もある。あるいは、「自分の脚で山を登れ」とは言わないで、自動車みたいな楽な手段で山の中腹まで連れて行き、「そこから先は知りません」とばかりに、信者を不安の中に置いてしまう教えもあります。こういう種類の教えは、本当は「頂上を目指している」はずだけれども、そこまで至らない中間的な段階に留まっている。しかし、山のふもとから中腹までは信者を引っぱってくれるのですから、全く「間違っている」とも言えない。が、その反面、頂上を示さないのですから、信者が行く先を間違う可能性もあるのであります。

私は、午前中に占いの話をしましたが、占いの中には、そういう〝中間段階の教え〟がある。占いに頼る人の中には、神仏への信仰など、そんな高い段階の信仰はもたずに、ある個人の言うことを信じて、自分のもつ不安や苦しみから逃れることができればいい……そういう程度の考えの人もいる。別の言い方をすると、そういう安易で、功利的な考えの人がいるから、それに相応しい答えを提供する占いなどが商売として成り立つのです。しかし、その代わり、そういう〝中間段階の信仰〟を説く人が何か変な気を起こして、自己目的に走ったりすると、その人を信じる人は皆、ドッとついて行ってしまい、妙な結末になることがある。そういう事件が、歴史的にはいくつもありました。

だから、どうせ宗教を信仰するのだったら、「自分」とは「人間」とは何であるか。「神」とは何か、「仏」とは何か、人生の目的は何か、というような、宗教上の根本的問題に真剣に取り組み、納得のいく答えを出しているような教え――つまり、山の頂上までの道を示している教えを信仰して、その頂上まで登っていっていただきたい。すべての教えが〝頂上〟までの道をきちんと説いているとは限らない。そこで、私がお勧めしたいのは、歴史的な流れの中で、いろいろな宗教が生まれては消えていきましたが、そういう歴史の荒波をへても残っている宗教――いわゆる〝世界宗教〟とか〝伝統的宗教〟と言われている教えの中には、この〝山の頂上〟に関することが皆、説かれている。これは午前中、例を挙げて説明したとおりです。ですから、そういう宗教は、正しい真理が説かれた宗教であると言える。ただ、そういう宗教は長い歴史の過程でたくさんの宗派に分かれているので、一部の宗派には〝中間段階の教え〟しか掲げていないものもあるでしょう。

「カルト的信仰」の危険

これに関連して一つ覚えておいていただきたいのは、「カルト的信仰」に陥らないということです。神や仏への信仰が「カルト（cult）」になってはいけない。これは、頂上を目指す信仰ではなくて、基本的には〝個人崇拝〟なんです。それは、宗教の指導者とか中心者と目されている人への盲目的信仰です。そういう人の言っていること、やっていることが、どんなときでも100％正しいと考える。また、そう信じろと主張するのが「カルト」です。だから、信者は何も考えずに、その指導者に従っていかなければならない――そういう心的態度が、カルト的信仰です。これに陥らないようにしてください。

ここでは「何も考えるな」というところがミソです。しかし、人間には、神様が与えてくださった「脳」という立派な器官があるのだから、別の言葉で言えば「理性」が与えられているのだから、これを使って「考えなさい」というのが神の意思であるし、この地上における私たちの生きている意味です。そうではなくて、「何も考えずにあの人について行きなさい」というのでは、我々に人間としての義務を放棄しろと言っているのに等しい。だから、これはちょっとオカシイ信仰であります。教えが曲がっている。そういう教えを信仰すると、先ほども言いましたが、その指導者や教えに振り回されてしまって、「自分が何であるか」ということよりも、自分の理性がどう感じようと、また世間の常識がどうであっても、指導者の言っていることに決意をもって取り組み、マズイことでも実行するということになる。ひと言でいえば、カルトは反社会的な信仰になりやすいという問題があるのです。

これは、もう日本人だったら実例をよく知っているので、特に名前を挙げて申し上げません。そういう過去の経験を振り返っていただけば、カルト的信仰が基本的には個人崇拝であり、そういう宗教の言動は反社会的になりやすく、危険であるということが分かると思います。ですから、生長の家が「万教帰一」という時にも、「すべての教えがそのまま良い」という意味ではないのです。誤解しないようにしてください。あれもオカシイ、これもオカシイという例が、結構あります。しかしそれらは、基本的な考え方として、〝中心的な真理〟——登山の喩えを使えば、〝山の頂上〟——を見失った宗教であり、宗教全体から見れば少数です。すべてのメジャーな信仰では〝山の頂上〟が示されているから、それを相互に認め合っていけば、宗教同士の共存はできるというのが「万教帰一」の考え方であります。

（二〇〇九年九月十三日、函館市民会館）

生長の家では多神を礼拝するのか

Q　神様は、日本では「八百万《やおよろず》の神」といって、天照大神だけではなく、それぞれの神社に御祭神がいます。そのすべての神様が、生長の家でも神様と思っていればいいのでしょうか？（四十四歳・女性）

A　この件については、午前中お話をしたくても時間がありませんでしたが、幸い質問を頂いたので、お答えをする機会ができました。

生長の家では、神様を三つの意味で捉え、「神に三義あり」と言っています。まずは「第一義の神」として、唯一絶対神を信仰します。これは、天地（宇宙）を創造した神様で、キリスト教の神、ユダヤ教の神、イスラームの神も、この唯一絶対神に分類されます。そして、これらの教えでは「それ以外の神は認めない」と言っています。しかし、生長の家では認めるのです。どういう意味で認めるかといえば、「唯一絶対神」というのは、すべてを包含している絶対の（並ぶものがない）神様ですから、あらゆる徳性をもっている。徳性とは「性質」と言ってもいいかもしれません。まあ難しい言葉を使えば「属性」です。しかし、すべての属性を兼ね備えたものを、私たちは表現することができません。例えば、すべての種類の音楽を兼ね備えた曲は作れないし、演奏できないのと同じです。ジャズも演歌もクラシックも雅楽も……何もかも同時に一曲の中では表現できません。ですから、「神」を形に表す場合は、神の属性の中のごく一部を表現することになる。それを「表現神」とか「方便身」とか「応化身」というのです。

これは、ちょうど今日のテキストである『新版 幸福を招く365章』（谷口雅春著）の七四ページの一番最後の行に書いてあることです。

神に三種の別あり

神とは何であるか。カミの語源はカクリミの略である。隠身である。

（同書七四〜七五ページ）

まあ日本語の語源的に言うと、目に見えない何ものかを意味する「カクリミ（隠身）」

という言葉の間の二文字を省略したのが「カミ」である。つまり、そこに何がいるか分からないけれども、とにかく素晴らしい恵みや、知恵や、生命力などが現れているものが世の中には数多くある。例えば、樹齢何千年の大木とか、巨大な岩、はるかな高所から落ちる滝……そういうものは、日本人は物質的な存在とは見ず、何か物質を超えた偉大なものの表現物として捉えたのです。〝本体〟（発生源）は目に見えないけれども、何かがそこに現れ出ている――そういうものを、日本人は伝統的に「神」と呼んできました。

姿形が隠れているが、ある霊妙な働きをする者を、日本人は悉く《ことごと》隠身《かくりみ》と云ったのである。その第一義は宇宙の太霊である。姿形は見えないが生々化育の霊妙な働きをしている。

（同書七五ページ）

これが「唯一絶対神」としての神です。

その第二義は、宇宙の太霊が方便をもって仮りにある形相に現れた場合である。観世音菩薩とか塩椎神《しおづちのかみ》とかである。方便身とも方便法身とも応化身とも云われている。

（同書七五ページ）

仏教的にいうと「観世音菩薩」は方便身です。日本の神道でいうと塩椎神、あるいはその他に八百万の神々がそれに当ります。これらの神々は、唯一絶対神のある特定の側面（属性）を、人間に分かりやすい形で取り出してお祀りするものです。だから、天照大神は、唯一絶対神というよりは、「太陽神」としての性格が強いし、また「女性」や「母性」の表現神と見ることもできます。

第三義の神は人間その他の霊魂である。すべて隠身であって或る力を有する。

（同書七五ページ）

ここには「霊魂」と書いてありますが、すべての霊魂を「神」として見るわけではなく、歴史的に偉大な業績を残した人物が亡くなった場合、「神」として祀られることがある。菅原道真公とか、乃木希典とか、東郷平八郎とか、みな実在の人物ですが、日本の神道では霊界に行った後もお祀りして、尊敬申し上げるということです。霊界へ行った人物――「霊人」も姿は見えないので隠身です。生長の家では、そういう霊人を祀ったお宮さんも無視するわけではない。

例えば、生長の家本部（東京・原宿）の隣には東郷神社があって、東郷平八郎を御祭神にしています。私も時々そこへ行ってお参りをすることがあります。東郷元帥は生前、強敵・ロシアのバルチック艦隊を撃退したという功績によって、そこでは「勝利の神様」として祀られています。それが唯一絶対神のある側面――それは困難を克服する強さ、国を外敵から守る正しさなどの象徴として、権化として、尊敬申し上げるのです。これは、東郷平八郎という一人の個人を唯一絶対神と同じ位置に置いて崇拝するのではありません。それは、唯一絶対神のもつ数多くの属性のうち、「強さ」や「正しさ」をよく体現した人間（霊人）を通して、間接的に第一義の神を尊敬申し上げるのですから、「神への信仰」と矛盾しないということになるわけです。ここのところ、分かりますか？

もう少し別の角度から説明しましょう。

私たちは、言葉で「唯一絶対神」と言うことは簡単にできます。けれども、その言葉の意味をよく考えてみると、それは大変なものを表しているのです。天地を創造した神ですから、宇宙のすべての存在をイメージでき、それらを超えた存在でなければならない。神が創造したものは物質的なものだけでなく、宇宙の法則とか、知恵や愛や、命や力も入っている。小は素粒子の構造から生物の細胞の複雑な働き、大は宇宙の隅々の出来事まで計画し、知り、実行する存在を、私たちは頭の中で具体的にイメージするのは難しい。そんな偉大な存在を、神のすべての属性と共に心に描き、お祭りするのはむずかしいのです。しかし、その属性の一部――愛とか知恵とか力――だけなら、人間には想像しやすいし、心の焦点を合わせやすいのです。

これは神様の都合じゃなくて、人間の都合です。多くの人間は、神に振り向くときには心に余裕がない場合がほとんどです。「自分は今、こういう問題を抱えていて、神様、あなたの助けが必要です。だからぜひ、この問題の解決にあなたの力を貸してください」――そんな心を起こす。せっぱ詰まっている人も多い。そんな人が、ある場所へ行って、神に祈ったり、仏にすがったりするわけでしょう。その時、人間の側では、自分の目的に最も適った〝心の対象〟を求めるのです。

具体的には、神の属性には「知恵」も「愛」も「命」も含まれていますが、人間はこの三つを同時に求めるよりは、個別に必要とすることが多い。例えば、ある人がいて「今回は、どうしてもこの入学試験に合格して、あの大学に入りたい。もう三浪目だから、これを逃したら私の人生はない」と思い詰めている。こういう人には、「知恵と愛と生命」を兼ね備えたオールラウンドの神さまよりは、もっと個別目的的な……例えば、「学問の神様」や「知恵の神様」の方が、心の焦点を合わせやすい。今は「愛」や「命」ではなく、「もっと知恵がほしい」と思う人には、だから方便身として、知恵の象徴である応化身としての神様が求められる。本来の神（第一義の神）はたくさんの徳性がある宇宙創造神だけれども、こうして人間の側がその神に自分の願いを投影して別の名前をつけ、第二義の神を想定するのです。

まあ、姿形も無いよりはあった方がいいという人は、神像や仏像を刻んだり、神様の絵や仏画を描いたり、あるいは「十字架」や「経の巻物」みたいな象徴物を作って、それを通して唯一絶対神を拝む——そういう形の信仰を、生長の家では否定しません。しかし、そこまで考えずに、「知恵の神様」「愛の神様」「命の神様」という三柱の神様が独立して存在すると考える人も中にはいる。これは〝中間的な信仰〟とも呼べるものです。生長の家では、それらの個別の徳性の根源である唯一絶対神を、基本的に礼拝の対象にするのであります。そして、自分の中にその根源神を見出すのです。それが「人間は神の子」という意味であります。

（二〇一〇年十月十七日、福井市のフェニックス・プラザ）

その他の質問に答えて

「業の流転」とはどのようなものか

Q 「業の流転」といいますが、先祖の業を子孫が受け継いでいくのでしょうか？
（六十五歳・女性）

A 先祖の業を子孫が受け継いでいくということは、確かにあります。しかし、第一義的に現世に影響を与えるのは、自分の前世の業なんですよ。

午前中に申しましたが、人間は肉体ではないので、この世に「オギャー」と生まれてきたときにも、そこで初めて魂が誕生したのではなくて、前世から続いている魂が新しい肉体を得たということなんですね。だから、「業が流転する」というときには、その前世や、そのまた前の世などで自分が積んできた業のことを普通は意味します。

業とは習慣性のことだという話も出てきましたね。そういう習慣性がどうやって作り上げられるかといったら、身・口・意という三つの手段によるということでした。私たちは言わば〝まっさら〟の魂としてこの世に生まれてきたのではなくて、すでに前世からの身業・口業・意業というものをある程度引き継いでもっているのです。これを言い換えれば、やり残したレッスン（課題）をまだ持っているといっていい。前世からのレッスンを引き継いで、新しい肉体に宿ってきたのがこの世の我々です。だから、この身体と口（発声音）と心（意）を通して積んできたものが、今回の生において問題になるわけです。この世の「問題」というのは、だから一種のレッスンである。学校の試験問題みたいなものとして、「この人生において解決しなさいよ」と頂いたものを、私たちは皆で解決することになる。そういう意味で、第一義的には我々は自分の前世からの業を受け継いで生きている。

「前世の業」という場合には、やはり「親和の法則」と関係があります。午前中に潜在意識の話をしましたね。人間は個人として互いに分離して生活しているのではなく、

「親和の法則」によって魂のレベルといいますか、バイブレーション（振動）といいますか、そういう心の状態の近い者が寄り合って家族を構成することになっています。ですから、「〇〇家」という家系には先祖代々から一定の魂のバイブレーションがある。これは、個人の積んできた業に加えて、それと全く別ではない、似たバイブレーションを家族や家系が共有しているということです。ですから、私たちは皆、間接的に先祖の業をもっているとも言えるわけです。

例えば、多くの日本人はたぶん一世代前くらいは日本人だったでしょう。ところが、たまにそうでない人――つまり、海外の別の国で生活していた人も中にはいる。そういう人は、生まれたときから……まぁ、生まれてすぐは性格は形成されませんが、少し成長してくると海外のことに強い関心をもったり、あるいは海外旅行が特別に好きだったり、また日本よりも海外で生活したいという願いを心の底でずっともっている人なんかいるでしょう？　時には、特定の外国に強い関心を示す人もいる。そういう人たちは、前世は外国にいたかもしれない。つまり、外国人として生きていた。そういう場合には、自分の業をもっていると同時に、先祖の業も一部受け継いでいることが、本人に自覚的に理解できるかもしれない。こんな複雑な関係ですから、人生のある出来事が自分の業から来るのか、それとも先祖の業によるのかは一概に何ともいえないのです。そういう意味では、私たちは今生をしっかりと生きて、悪い業を子供や孫に残さないというのが重要なことです。

地球温暖化は人類の「業」の現れ

これをもっと規模を広げて具体的な話にすると、地球温暖化の問題も「業」の現れとして考えられます。私たちは今、「化石燃料を使う」という業（習慣性）を積んでいるわけです。それは、私たち一代だけではなく、産業革命以来の〝人類全体の業〟である。身体の快適さを維持するために、遠くアラビアの地で化石燃料を掘り出して、それを輸入して今、暖房としてこの会場に使っています。電力を使っている場合は、発電所で輸入した石油を燃やしている。あるいは、これはウランを燃やしてつくった電力かもしれない。そういうことが今も継続してできるのは、二酸化炭素や放射性物質の排出が生物全体に悪い結果を招くと知っていても、私たちそれぞれの心が「こういう現代人の生活は素晴らしいから、諦めるわけにいかない」と思っているからです。それは身・口・意の三業のうちの「意業」を悪い方向に使っていることです。

「中国もアメリカも同じことをやってるから、これでいいんだ」と考えることは、だから悪い方向に意業を積むことになる。そして、そういう考え方が支配的になると、「原発を止めよう」という考えが弱まり、「止まっている原発を再稼働させて、電力を大いに使おう」という方向に世論が形成されるかもしれない。そうすると、そんな世論の反映として原発再稼働と再利用をする方向に国の政策が変わり、今度は「身業」――人間の体を使って積まれる業――が形成されることになる。これは、電力会社の社員や作業員が実際に体を使って、原発を再び動かしたり、原発産業が拡大し、そこへ人々が就職し、家族が移転する……など、口業はまだ後もどりできるけれども、もう後もどりが難しい悪業となり、この問題は次世代の私たちの子供たちに引き継がれていくでしょう。つまり、より深刻化した地球環境と原発リスクの問題を、次世代が解決しなければならない。こういう場合は、「次世代の日本人は先祖（我々）の業を受け継ぐ」ことになります。

今は日本だけでなく、世界中の人たちが経済発展を追求していて、実際に経済が発展しつつあります。そうするとエネルギーを大量に消費しますから、その需要を満たすために原発が増える可能性が高い。例えば隣の韓国では、今回の日本の原発事故をあまり重要視していないようで、〝フクシマ〟後の早い時期から、将来もっと原発を増設するという方針を決めてしまったと聞いています。

そういうように周りの国々に——韓国だけでなく東南アジアや南アジアの国々に原発がいっぱいできることになる。原発は日本では三菱重工とか日立製作所、東芝などの大企業が主体となって建設してきたので、そのノウハウは国内にたくさんあります。だから、そういう企業が海外へ行って原発を建設するような動きになるかもしれない。「ノウハウがある」というのは、別の言葉でいえば「習慣がある」ということです。だから、この動きも〝業の力〟の一つだと言えます。こうして習慣性によってその方向に世界がドーッと動いていったら、我々の子供や孫はその先祖である我々の業の報いを必ず受けることになる。つまり、原発のリスクがどんどん増えていく。確率論的にいうと、原発が一個増設されれば、事故やテロの危険、核拡散のリスク、そして放射性廃棄物の将来への影響はそれだけ深刻化することになりますから……。そうしますと、この先に原発をめぐって事故や事件が起こったら、それは「先祖の悪業の結果」ということになりますね。そういうふうにして、私たちは複雑な形で自分自身の前世の業だけでなく、先祖の業というものも引き受けながら、今の世を生きているのであります。

だから「悪業を積んでいる」という事実があるならば、それはできるだけ早期にやめて、善業に置き換えていかなければならない。そうしないと現世代だけでなく、子や孫の世代にも悪業が引き継がれ、拡大していくのです。だから、もし「原発は悪業なり」ということに合意できれば、それはすぐに止めたらいい。ところが、今の日本ではその合意がなかなかできない。それだけ利害関係が錯綜《さくそう》しているからです。別の言葉で言えば、それだけ〝業が深い〟のです。

原子力の利用をやめよう

私は、今の形での原子力利用というのは悪業だと思います。理由は大きく二つあります。一つは、放射性物質の利用は、地球上に放射性物質を拡大することだからです。これは人間にだけ有害なのではなく、生物全体に有害な環境を地上に拡大していくことです。もう一つは、さっきも言いましたが、中・長期的に考えれば人類全体に有害だからです。短期的に「利用可能なエネルギーを創造する」という観点だけで考えると、原発は効率のいいエネルギー増産装置のように見える。でも、いったん問題が起こると、今回の福島のように大変なコストがかかるし、軍事利用の問題では、今の北朝鮮やイランの問題のように世界の平和を乱すことになります。

もともと原子力利用はどこから始まったか、皆さんはご存じでしょう？　歴史の授業で教わりましたね。人類が原子力を最初に使ったのは、広島と長崎です。これは動かしがたい事実です。この原子力利用は、何を最大の目的として行われたのか――それは人を殺し、文明を破壊するためでした。人間と文明とに最大のダメージを与えるために開発された技術が、原子力の利用です。それがまた「冷戦」というものを生み出しました。その冷戦下で、この〝怪物〟を何とかなだめすかして人間に利用できる形に押さえ込んできたのが、今の原子力発電という技術です。この技術の利用で必ず生まれるのが放射性物質であり、そこから出る放射線です。これは人間だけでなくて、あらゆる生物の細胞中にある遺伝子を破壊する。だから、人間に悪いだけではなくて、他のすべての生物にとっても悪いものです。こういうものを人間は人殺しと文明破壊の手段として開発してしまったわけです。我々の一世代前の人間の業がここにあります。

原子力について、私たちの多くは〝平和利用〟のことしかよく分からないので、その目的は平和利用だと考えがちですけれども、事実はそうではない。だから、今も北朝鮮やイランで問題が起こっている。原子力エネルギーの開発技術は、核兵器の製造に転換することができるので問題になっているわけです。そういうものを世界各地に増設していって、一体どうするんですか。私は、日本ではそこのところまで議論が行われているようには思えない。

ついでに申し上げますと、原子力利用で問題になる放射線そのものは、自然界に普通にあるのです。ただしそれは、宇宙全体を「自然」と考えた場合です。つまり、宇宙空間には生物に有害な放射線はたくさん存在する。それを包括的に「宇宙線」と呼んでいます。しかし、「地球」という宇宙でもまれなこの惑星は、自分の周りに「大気圏」という特殊な防護膜を作っている。そこには、地球でなければ見られない独特の原子の組み合わせからなる「大気」があって、地球上の生物はそれに護られて生きている。では、その大気を誰が作っているかというと、それは動物と植物、そして菌類なんです。人類が地上に現れてくるはるか以前から、人間以外の生物種が協力してこの特殊な「大気」という防護膜を作り上げてくれたおかげで、人類の現在はあるわけです。大気圏から一歩外へ出れば、周りからたくさん降り注いでいる宇宙線があるけれども、これをカットする独自のシステムを人類以前の生物が作り上げてくれたのです。

これは地球の自然界の〝傑作〟の一つです。そのおかげで私たち人類は今、生きることができるにもかかわらず、これを取り除いてしまうのに等しいことを人類はやってきて、これからもやろうと言っているわけです。そういう意味では、隣町に原発を造るのも、隣国に原発ができるのも効果としては同じです。今は確かに、その危険物は鋼鉄製の容器やコンクリートの擁壁に二重三重に包まれているかもしれないけれど、そんな〝反地球的〟なものを我々の近くへ持ってくるのは、大気圏を破壊する準備に近い。

人間以外の生物たちが何十万年、何百万年もかけて作り上げてきた宇宙線からの防護膜を無効にするようなものを、私たちは「人間のため」と称して造り、そこから人類が生きるためのエネルギーを得ようと言っているのです。そんなことで人類が繁栄すると思っている。しかし、私はそういうわけにいかないと思う。生物は皆つながっているのです。人間は自然の一部であり本来、自然と一体の存在です。それを否定するような生き方を人類が採用することは間違いだというので、最近の私のブログでは、原発に反対する意見を表明しているのであります。

今度、新しい本を出します。この問題に興味のある方はぜひ読んでください。『次世代への決断――宗教者が〝脱原発〟を決めた理由』という本です。「原発はもう止めましょう」という意見と理由が詳しく書いてありますから、それをぜひ皆さんは読み、人々にも伝えていただきたいと思います。

（二〇一二年一月二十二日、高知市の高知ぢばさんセンター）

肉食を減らす運動の意味

Q　日頃の生活で肉食を控えた場合、生産された食肉は廃棄されることになります。その場合、どういった心持ちでその現状を受けとめたらよいのでしょうか？犠牲になっている（より信仰面においても環境面においても、神意に適った生活になるため）と思うのですが…（二十四歳・女性）

A　現在、生長の家では「肉食を減らそう」という運動をしていますので、この質問はそのこととの関連で出されているものと思います。「犠牲になっている」

と書いてあるのは、おそらく肉屋さんが困るという問題なんでしょうか？「食肉は廃棄されることになります」――こう書いてあるので、無駄になることが信仰的にも、環境的にも問題があるということを仰りたいのかもしれません。

しかし、経済というのは生き物のように変化しますね。需要が減れば、値段が下がります。そして、低い値段では利益が出ないということになると、やがて供給も減ります。つまり、一時的に無駄が出ても、やがて出荷量が調整される。この問題では、一人や二人が肉食を止めたからといって、世界の食肉消費量は減らないと考えている方もいらっしゃるようですが、やはり、多くの人が動き始めれば世界が変わるのです。一人や二人では変わりませんがね……。

生長の家では二〇〇六年に、「肉食と世界平和」をテーマにして生長の家教修会*をブラジルと日本で開催して、食肉生産の現状や環境面への弊害、そのほか、世界の宗教が肉食をどう考えてきたかということなどの研究発表をしました。これを日本で開催する場合は、それほど問題はないかもしれないけれども、ブラジルでも、同じテーマで教修会を行った。今日の講習会にも在日ブラジル人の方が参加していらっしゃいますね。ブラジルには生長の家の信徒が日本以上に多いのです。そのブラジルの隣にはアルゼンチンという国がありますが、そこでは、食肉生産量や消費量は世界でもトップクラスの高い水準にあります。その隣国のブラジルにおいても、肉食は当り前に行われている。有名なブラジル料理に「シュラスコ」というのがありますが、これは肉の食べ放題です。そういう状況の中で、「肉食は宗教的に問題があり、また環境的にも問題があるから減らしていこう」という運動を起こすことが適当かどうかということが、生長の家でも事前に問題になりました。しかし、ブラジルの人々に聞いてみると、「どうぞ、肉食のテーマでやってください」という答えだったので、そういう内容の教修会を開催しました。そして、宗教的な理由、倫理的な理由、環境への悪影響などについてきちんと話をすると、教修会参加者には分かっていただけたようです。今、ブラジルの生長の家の信徒の間では、肉食を減らそうという運動が進んでいると聞いています。

昔から、仏教では「不殺生」ということが戒律の中にありまして、「生あるものは、できるだけ殺さないようにしよう」という態度が教えの基本になっていましたが、今はその戒律を守っている教派もあるし、守っていない教派もあるんです。生長の家でも、立教当初から肉食は勧められていませんでした。しかし、人の家などに行って肉料理を勧められた場合は、その人の愛念を無にしないために、「これは肉を食べるんじゃなくて愛情を頂くのだ」と考えて無下にお断りしない——そういう生き方がよいとされてきました。

しかし、最近のように各国の経済が豊かになってくると、人々の食生活がどうしても野菜や穀類の消費から肉の消費に替わっていくのです。それが今、インドや中国、ブラジルも含めた中進国——これらは皆、人口の多い国々ですが、そういう国々の経済が発展してきて、世界の多くの人々の食生活が菜食から肉食に替わってきている。すると何が起こってくるかというと、大量のウシやブタを飼うために広大な土地が必要になって、森林伐採が急速に進行するようになった。こうなると、ご存じのとおり地球温暖化が進んでいくことになる。また大量の食肉を生産するためには、効率を優先した飼育がおこなわれる。つまり、たくさんの動物を狭い場所に囲い込んで飼う方法が普及した。動物にとっては極めて不自然な生活を強いられることになるから、病気が発生したりする。これを抗生物質や薬を与えて防ごうとすると、食肉の中に薬品が残留する。また、こんな飼育法は動物虐待にもなるわけです。

広い牧場で草をはんでいるのではなくて、狭い檻のような所に囲い込んで、早く太らせるために、運動もろくにさせずに飼育するのです。餌も、成長を早めるための穀物飼料を与えたり、狂牛病が発生して問題になりましたが、共食いになるような動物肉を食べさせるなど、いろんな弊害が出てきました。そこで今日では、肉食は――特にウシやブタの肉を大量に生産し消費することは、どう考えても〝悪業〟と呼ぶべき問題になってきているのです。

そういう地球規模の大きな変化が起こっている時に、宗教者として嬉々として肉食をしているのではあまりにもオカシイというので、生長の家では、昔から言っていることに新たな緊急性と意味を加えて、「肉食を減らす」ことをもっときちんと運動の形で展開していこうとしているのであります。

しかし、これには時間がかかります。我々は、信仰者として一人一人ができるだけ肉食を控える生活をしていく。つまり、信仰を生活に生かさなければなりません。心の中で「肉食はいけない」と知りながら、「ウマイし栄養があるから、まあ食べちゃおうか」と肉食を続けるのでは信仰と生活が分離している。そうではなくて、知ったらやらない生活――悪を知りながら行わない生き方を実行しなければならない。これには時間がかかるのです。

しかし、時間がかかるということにもいい面があります。急激に食肉業を廃止したら、犠牲者が大勢出ます。しかし、そうではなくて、我々が「徐々に」といいますか、一人一人の行動が全世界に広がるには時間がかかりますから、結果として徐々に肉食が減っていくことになる。そうすると、食肉産業で働いている人々にも、ほかの仕事へ転換していく時間がうまれる。ですから、この運動は長い目で見ていただいたらよろしいと思います。

いきなり隣の肉屋さんのところに行って「肉食は悪だから、肉を売るな!」と反対する――そんな運動を我々はしようとしているのではありません。そんなことではなく、例えば、我々が食生活の中で、もし一週間に一度ステーキを食べているのだとしたら、それは毎週ステーキではなくて半分くらいは魚料理にするとか……神奈川県ではおいしい魚がたくさん捕れますからね。そういう形で、どこかに〝敵〟をつくって攻め立てるのではなく、自らの生活の中から自発的に肉食を減らしていくことを勧めています。

肉食は戦争につながる

今日のテキストである『新版 幸福生活論』(谷口雅春著)にも、ちょうど肉食の話が出ていますので、ちょっとご紹介します。一八六ページの四行目から読んでみます。

殺すと思い、殺されると思って食べるときには、そこに殺生の業も生み、(中略)その業は心がその存在を支えている限り流動し、輪転し、殺生は次の殺生を生み、ついに人類相互の一大殺生なども生むようになるのである。だから現象本来無しとわかるまでは殺生の業はつぎの殺生を生む。人類が肉食をして(換言すれば人類が殺生によって)生を保つかぎり、人類相互の殺し合いも休むことがない。戦争の根本原因は爰《ここ》にあると考えざるを得ないのである。

ここには、肉食と戦争の関係が書いてありますが、戦争が起こる原因として、今日では肉食を挙げることに不思議な感じがしなくなっていますね。それは、ウシやブタを飼うためには広い土地がいるからです。世界では都市化が進んでいる一方で、農地はほぼ一定している。すると森林伐採によって土地をつくる以外にない。そうなると地球温暖化はますます進行します。そして海面が上昇したり、高地では湖水が広がるから、さらに土地が減ってしまう。すると、その稀少の土地の奪い合いが国家と国家の間で行われるようになります。これは、いきなり他国の土地を奪い取るというかたちでは、最初は起こらないかもしれない。けれども、地球上には国境が確定していないところがまだまだあります。日本と中国の間、台湾の間、韓国の間にもある。日本とロシアの間にも領土問題がある。そういう所の領土争いが深刻化したり、河川をめぐる争いを契機にして戦争が起こるということは、十分ありうるのです。イラク戦争の前にあった湾岸戦争なんかも、原因の一部には領土問題もあったと言われています。

このようにして、肉食は一見「動物だけから奪っている」ように見えるけれども、結局、「他の人間から奪う」ことにつながっていくわけです。こうして業は流転していきます。「奪うものは奪われる」という心の法則が働いているのです。

現象世界の争いの中で最悪のものが戦争です。これにつながる危険性があることは、我々は絶対しないようにしなければならない。平和を実現しまた守るためには、いろいろな方法がありますが、ただ希望して祈っているだけではダメです。自らが何か実行することが必要です。地球環境問題や戦争などの大きな問題は、我々が今までのライフスタイルを変えないでいて、何かが変わると思うのは間違いなんです。なぜかと言えば、この世界は唯心所現の世界だからです。我々の心の総合的な表現として、地球温暖化が現れているのであり、戦争が起こっているのです。「自分は日本の片隅にいるから関係ない」と思っているかもしれないけれども、化石燃料を大量に消費する現在の文明を支えているのが我々です。家畜が食べる穀物を育てるために、石油を原料とする化学肥料が大量に使われます。「他人や他の生物を犠牲にして栄えよう」という我々の心が巡り巡って、こういう問題に結びついている。そういう反省の上から生長の家では肉食の削減に取り組んでいるのです。これ以上に悪業を積まず、むしろ積極的に善業を積んでいく生活の実践として、食生活の変化を考えていただければありがたいです。

（二〇〇八年十一月九日、神奈川県の横浜アリーナ）

＊　生長の家（国際）教修会は、生長の家総裁が教義の徹底をはかるため本部講師等を対象として開催する集まり。二〇〇六年の教修会の記録は『肉食と世界平和を考えるⅠ　二〇〇六年・ブラジルにおける世界平和のための生長の家国際教修会の記録』『肉食と世界平和を考えるⅡ　平成十八年度（二〇〇六年度）生長の家教修会の記録』（生長の家刊）として刊行されている。

「罪なし」の教えと裁判員制度

Q 「人間本来罪なし」という生長の家の教えに触れていますと、裁判員制度でもし裁判員に選ばれた時、みんな神の子さんに見えて、極悪犯でもとても裁くことが難しく、冷静に判断できません。反面、本当は死刑にしたいと思えるのに、という場合もあると思います。どうしたらよいでしょうか？（四十九歳・女性）

A 午前中の話の中でも少し触れましたが、この質問は、「実相」と「現象」を混同しているように思いますね。この二つを区別することは易しいようでいて、なかなか難しいのであります。裁判制度とか、警察力、その他の法律で定められた社会のさまざまな仕組みというのは、これは現象世界における我々の〝心の作品〟です。我々が議会で法律や条例としていろんな制度を提案し、それを可決して制度が運用されるようになる。裁判員制度も同じでありまして、従ってこれは「現象処理」の問題である。

午前中、私が「人間に罪はない」とか「神の子である」とか「仏様である」という話をしたのは、「実相において」人間は皆そうだという意味であります。ところが、実相においては皆すばらしい神の子であるけれども、現象世界に生まれて自由を与えられると、人間は「迷う」ことがあるという話もしました。本来人間は神の子であるにもかかわらず、迷って、神の子にふさわしくない行動をすることがあります。そういうことがあった場合には、現象処理が必要です。日本では社会の制度が比較的きちんと整っていますが——まぁ中には不完全な部分もありますが、世界ではかなり整っている方です。そういうところにできた仕組みというのは、実相世界そのままを反映しているのではありません。そういう社会制度も我々の〝心の作品〟であって、不完全なところがいっぱいある。しかも一人の人の作品ではなくて、大勢の人が合意して作り上げた制度だから、必ずしも首尾一貫していない。しかし、社会の合意だから一人の人間がそれを無視するわけにもいかないです。そこのところが難しい。

社会制度というのは、その社会を構成している人々の潜在意識の共通部分によって支えられているところが大きいのであります。いちいち意識しなくても、いちいち言葉に出さなくても、同じ社会の人間ならいろいろの分野で〝暗黙の合意〟があるわけです。そして、それは大勢の人が支え合っている制度ですから、一人の人間が「自分は今の裁判員制度にはハンターイ！」と言っても、それによって裁判員制度はなくならない。なぜなら、他の大勢の人々が暗黙裡に「あってもいいか……」と合意しているからです。もし「不要であるし、有害だからなくしたい」と思うならば、今、我々は議会制民主主義の社会に生きていますから、自分の代表者である政治家を通じて、国会などの場でその人たちに法律等を変えてもらうしかない。

ですから、「現象」と「実相」の話をしましたが、この裁判員制度というのは、社会の合意の上に乗っている「現象」の制度――社会の仕組みですから、「実相」における真実――人間は神の子であり仏であるということ――とは、分けて考えないといけないのです。

法律的な罪の償い

例えば、私たちは「人間は神の子である」と教わっている。これは「実相」の話です。しかし、知人や友人のお葬式にはちゃんと出ます。そうでしょう？「人間は死なない」と教わっているけれども、お葬式には出ます。つまり、「〝人間は神の子〟と教わっているから、葬式を無視する」というわけにはいかないのです。そんなことでは、社会人として現象生活をうまく生きられない。それと同じように、例えば、ある人が、他人の誤った行為によって危害を加えられて死んでしまったならば、その結果に対する責任を無視するわけにはいかないのです。

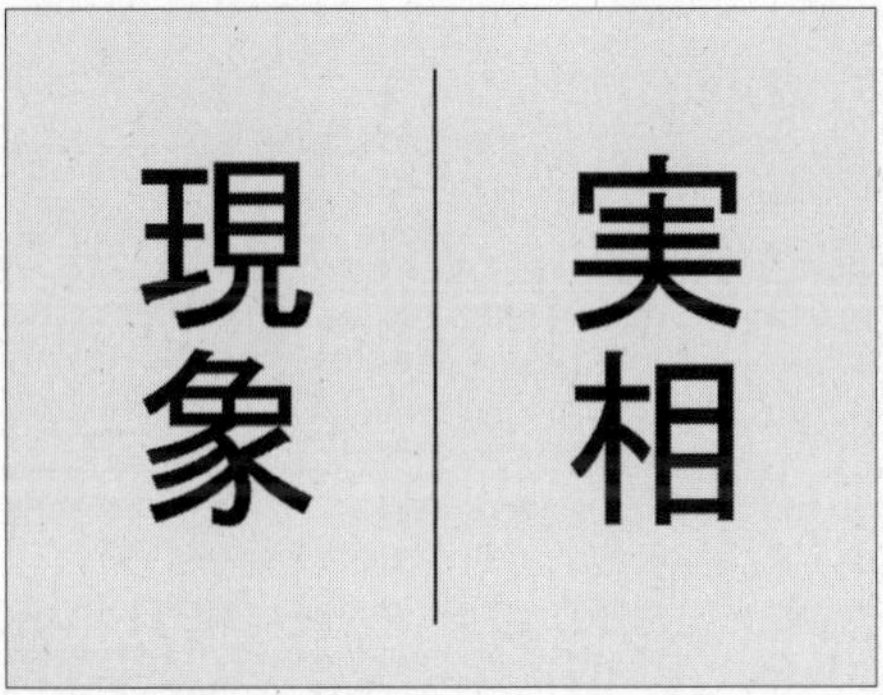

図 13

けれども、その場合は実相（前頁の図13の右半分）の側で人が死んだのではなくて（不死）、現象（前頁の図13の左半分）の側で肉体が危害を加えられて、回復できないほど傷めつけられたので死んでしまった（現象死）のです。この現象世界における行為の結果については、現象世界において後始末をする必要がある。そのための手段の一つが裁判です。だから、これは現象的にはやらないといけない。やらないと、かえって面倒くさいことが起こる可能性があります。

「罪」という言葉は、宗教的な意味と、刑法などの法律上の意味とは違います。宗教上の意味は「スティグマ（stigma, 消えない汚れ）」というのと似ている。神仏の浄《きよ》らかさを知りながらも、それを守り通せない〝汚点〟のようなものです。戒律を守れなかったり、神との約束が守れない一種の〝弱さ〟です。道徳的な弱さでもある。これに対して、法律における罪は、刑法などの法律で定められたことに違反していることです。宗教的・道徳的には罪でなくても、法律的には罪とされることもある。例えば、病人を助けるために信号無視やスピード違反をした場合などです。こういう場合、情状酌量《しやくりよう》の余地はあるけれども、社会ではあくまでも法律によって裁かれる。それでいいのです。私も裁判員になったらそういう判断をすると思います。「人間は神の子」だから、すべてのスピード違反を赦《ゆる》すべし、ということにはならない。

また、「人を救う」という場合、もしその人が法律上の罪を犯したならば、それを見過ごすより、罪の償いをさせたほうがかえっていい場合があります。仏教でも説かれているように、現象世界には「因果の法則」というのがあるでしょう？　この世界で起こることには、必ず原因があって、そこから結果が生じるということです。だから、この「因果の法則」を無視することは、結果を生じる妨げをすることになる。これは、社会全体にとってよくないと同時に、本人にとってもよくないことが多い。それに、法則というものは結局は無視できないのです。

この質問者の心配を言い直せば、現象的に罪を犯した人を裁く時にも、実相を見て「無罪」と言わないといけないのか、ということだと思います。私は一般論として「有罪」とした方がいいと思います。現象的に本当に罪を犯しているのであれば、すでに「原因」が作られているのですから、「因果の法則」が働くことになる。もしそういう人が、警察権力や裁判制度から逃れたり、不正によってうまく金儲けをしたり、人を殺《あや》めて逃げ通しても、「因果の法則」は個人の「生」を超えて働きますから、次の生まれ変わりの人生において、結果を刈り取ることになる。その場合、罪を免れた人は、いい気になって罪を繰り返すことが多いのです。これに比べ、今生において罪を償うならば反省や更生の機会もある。来世において罪を償うよりも、よっぽど軽い場合が多い。

悪因を積み重ねていったら、悪果はしだいに激しいものになる。だから、罪を犯した人は、むしろ早い時期に償いをして悪果を刈り取ってしまった方がいいのです。裁判員制度では、だから現象的に間違ったことをした人には、「あなたは間違った」ということをはっきり認めさせて、償いをさせるほうがいいと思います。

私は裁判員制度そのものを否定しません。ただ、その制度の中で、裁かれている人が本当に罪を犯したかどうか、濡れ衣であるかどうかを素人が判断するのは、やはり簡単ではないと思います。でも、いろいろな理由からそうした方がいいというので、この制度が決まったのでありましょう。社会全体としては反対意見が少ないわけですから……。

では、「人間は神の子である」ということを教えられている我々の立場を、どう生かすべきでしょうか？　裁判員制度の中で、ある人を「罪がある」と裁いてその人が服役した時――それは死刑であっても判決から執行まで時間がありますから、もし、面会できるのであれば（裁判員が事後に面会できるかどうか分かりませんが）――機会があったら、その人に会って「人間は罪人ではありません。本当は罪はないんですよ」という話をしてあげるのもいいかもしれません。

私は、裁判員制度は、社会の合意で決まったことですから、できるだけそれには参加された方がいいと思います。仕事に大きな差し支えがない方は、やってみたらいいと思います。それは「社会への参加」でありますし、社会の制度と真面目に向き合うことにもなります。「納税する」と思って参加してみたらいかがでしょうか。

（二〇〇九年三月十五日、東京国際フォーラム）

離婚した場合の信仰生活

Q 生長の家では「夫婦調和」を教えていますが、やむを得ず離婚した場合、どのような気持で教えを続ければよいのでしょうか。本などを読むたびに、夫婦調和の話だけで苦しくなり、教えから離れなければならないのかと思い、つらいです。(三十五歳・女性)

A これは難しい問題ですね。この方は、だいぶ悩んでいらっしゃるようで、思いあまった相談事として書いてくださったのでしょう。

「本などを読むたびに、夫婦調和の話だけで……」と言われているのは、生長の家の本の中にはそういう話が多いということです。すると、離婚した人にとっては、「自分は生長の家の信徒としての資格がないのでは……」と感じる。それを悩んでいらっしゃるのでしょう。しかし、これはちょっと「離婚」という形にこだわっていらっしゃると私は思います。それとも、まだ離婚して間もない方なのでしょうか……。しかし生長の家では、「どんな場合にも結婚しなければいけない」とか「離婚してはいけない」とは説いていません。その代わり、「夫婦はお互いに〝魂の半身〟である」というような言い方をします。

（「半身」と板書する）

この〝魂の半身〟という言葉を聞いて、時々誤解される人がいらっしゃる。その文字面だけから解釈すると、一つの魂があるとすると（円を描く）、それが半分ずつに分かれていて（円の中心に垂直線を一本引く）、その半分ずつが夫であり、また妻であると……。こう考えますと、これ（円全体）で初めて〝一つ〟だと思いやすい（図14）。つまり、〝一〟は完体を表しますから、それが分裂して半分になれば〝〇・五〟になってしまう。だから、夫

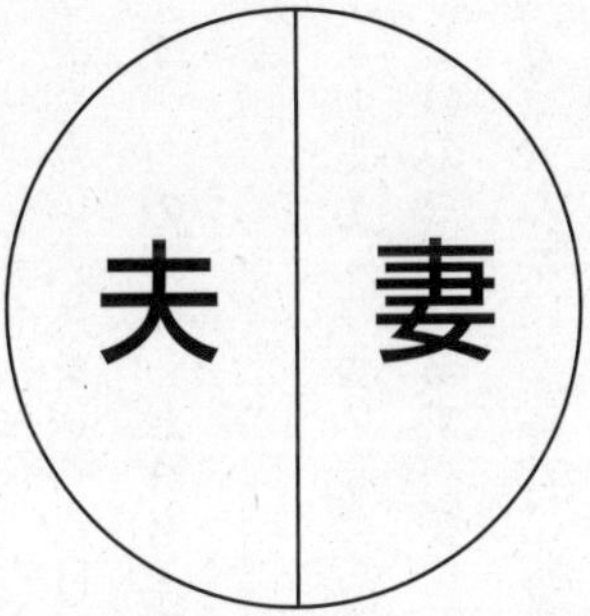

図 14

婦となった人間が離婚したら、もう半分の人生であって、それはつまらないものである、と考えやすい。自分は〝一〟の人格を完成し得ない〝〇・五〟の人格であるから、つまらない人生を送らなければいけない――そのように誤解される方がいらっしゃいます。この方は、どうもそういう感じの悩みをもっていらっしゃるのではないでしょうか。

けれども、生長の家で〝魂の半身〟というのは、そういう物理的な意味での半身ではないのであります。なぜなら、生長の家では「人間は神の子である」と教えるではありませんか。「人間は本来仏である」とも教えます。では、「神の子」とは半分の存在ですか？　〝〇・五〟の「神の子」などというのがありますか？　ないですよね（笑い）。それは〝〇・五〟だったら不完全ですから……。だから、ここで使われている〝半身〟という言葉は、文字通りの意味ではなく、一種の喩え話のつもりで考えていただきたいのであります。

私は、『ちょっと私的に考える』（一九九九年、生長の家刊）というエッセイ集の中で、このことを詳しく書いているので、もし深く知りたい方は、ぜひその文章を読んでください。「半身半疑」という文章です。この問題は機械的、物理的に考えると間違います。例えば、人間は一人でも「神の子」であるから、夫婦になったら二倍の「神の子」になる。こういう考えは機械的です。もし、そんなことになれば、離婚を何回もした人は、そのつど〝三倍の神の子〟〝四倍の神の子〟などとパワーアップしますか？(笑い)、そうは考えないのであります。

このことでも、実相と現象の区別をしっかり考えねばなりません。実相においては、すでにすべての人間は「神の子」であって「完体」である。けれども、表現の世界である現象では、男は男であり、女は女である――そのことを思い出してもらえばいい。男も女も、それだけでは「完全な人間」ではない。つまり「神の子」は男でも女でもないんです。ちょっと誤解を招く言葉かもしれませんが、あえてそれを使うと〝両性具有〟なんです。もちろん、肉体的な意味ではありません。でも、この現象世界に於いては、生物学的には男であるか、女であるかの、いずれかの表現をとることになっています。これは原則です。

例えば私の場合、今生では、私は男性としての役割を精一杯生きる。そのことによって、私の中にある女性的な部分というものが十分表現されないかもしれないが、それは結婚によって、結婚生活の中で女性である妻を通して、あるいは妻と共に体験されることになるから、それはそれでよろしいのです。そういう意味で〝半身〟なのですね。だから、どう言ったらいいでしょうか……本質において〝完体〟であるものが、表現の世界で〝半身〟を求めるのです。ですから、相手との死別や離婚の後に、また次なる表現のパートナーが現れる可能性はあります。その場合、以前の関係の中で表現されなかったものや、不十分でうまくいかなかったものが、次の機会にうまくいく場合もあります。

こういう複雑な関係であるものを、単純に〝半分〟と考えると、次がないことになります。お互いが「二分の一」ですから、一人が去ってしまったら、もう後は黒々とした〝穴〟が残るだけである。けれども、本当はそうではなくて、二人の結婚生活が短くて、あるいは長くても、表現できなかった部分があったかもしれないけれども、二人ならではの表現がある。その人と結婚生活をしなければ表現できなかったものがあるに違いないのです。だからそのことに対して、やはり「感謝の念」をもたれるのがいいと思います。

これは例えば、学校生活でも「転校する」という経験があるじゃないですか。転勤の多い人のお子さんはよく転校するでしょう。そして、転校のたびごとに先生や友達が変わったりします。そういう時、子供はよく、先生や友達との関係がムダになったように思いますが、決してそんなことはない。これまでの関係に感謝の思いをもてれば、次の地へ行っても、新しい関係を結ぶ時にきっと役に立つ。また、若い頃に結ばれた親しい関係は、将来大人になって社会生活をするときに、お互いの人生をより豊かにしてくれる場合もある。まぁ、離婚と転校とは深刻度がだいぶ違いますが、〝人との縁〟という点で共通している。それを大切にしたいですね。

そういう意味で、夫婦関係でも、離婚された人も、ある時期はちゃんと夫婦調和ができていたと思うんですね。しかし、何かの理由でお互いの調整の仕方がうまくいかず、結局別れることになったのでしょう。が、その夫婦調和の経験は決してムダになりませんし、争いから学ぶことだってできる。そういう経験の上に立って、さらに自分の中の「無限の可能性」を表現しようと、前向きに生きていかれたらよろしいと思います。

次の相手に必ず恵まれるかどうかは分かりませんが、結婚しなければいけないという規則もありません。世の中には結婚生活をしないでも表現できることはたくさんあるし、条件によっては「結婚している」ということが表現に不都合なこともある。そういう意味でも、あまり過去の離婚のことにクヨクヨされないで、明るく生きていかれるのが一番よろしいと思います。きっと、明るい人のところには次なる〝半身〟が現れますから……。そして、さらに素晴らしい結婚生活に発展するかもしれません。

（二〇〇九年十月二十五日、群馬県の桐生市市民文化会館）

凶悪事件は増加しているか

Q 子供が親を殺す、親が子を殺すなど、最近、おかしい事件が多過ぎる気がして、日本が悪い方向に進んでいる気がします。なぜ、そのような変な事件が多

く起こるのでしょうか？（三十七歳・男性）

A この方は、きっとマスメディアの報道に惑わされていると思います。なぜかというと、警察庁がまとめている『犯罪白書』という出版物があります。毎年出されている正式な政府刊行物で、それに日本の犯罪統計が詳しく載っています。それによると、犯罪はこのところ毎年、減っているのです。実際には、平成十四年をピークに毎年減り続けています。

私は一時期、その話をしつこいほどこの生長の家講習会でやっていたので、最近はもうやらないことにしたんです。同じ話ばかりでは聴く人がつまらないですから。でも、重要なことですから、お答えします。つまり、マスメディアというものは「異常な事件」をよく取り上げて、それを繰り返して報道するのです。それがニュース報道の一つの約束事になっています。そうすると、受け取る側の我々は、そういう話しか見聞できないので、その種の異常事件が「いつもどこかで起こっている」というように錯覚するのです。でも、よく考えてみてください。「異常な事件」というものは、その言葉の意味からして「いつもどこかで起こっている」ことはあり得ない。「異常」という言葉の意味は「常とは異なる」ということですから……。

この状況は、特に現在始まったことではなくて、今日のテキストである『新版 幸福を招く365章』（谷口雅春著）の中にも、ちゃんと書いてある。このことは、今日の講話のどこかで皆さんに紹介しようと思っていたので、ちょうどよい質問でした。

この本の奥付を見ると、「平成八年に新版発行」となっていますが、実際はずいぶん前に書かれているのです。同じページにマルシー表示（©）で書いてあるところをよく見ると、旧版の初版の発行は「一九五九年」なのです。私がまだ八歳のころ出た本です。その頃に、谷口雅春先生が何を書いていらっしゃったかというと、九二ページを開いてください。「心に〝悪〟の妄想を描くなかれ」という小見出しのついている文章を読みます――

世間、ややともすれば、この世界には不幸が満ちみちており、困難が充満しており、余程警戒していなければ自分を害する事物が、吾々の周囲を取巻いているかのように思って、戦々兢々《せんせんきょうきょう》として恐怖に満たされている人が多いのであるが、これは全く根拠のない妄想であって、一種の被害妄想に過ぎないのである。

こうはっきりと書かれています。だから、我々が毎日何に注目して生きているかによって、こうした「世間がどうであるか」という印象はどんどん変わっていくのです。例えば今、単純化するために日本の人口を「一億」と仮定します。この一億人の中で、一人が殺人事件によって殺され、マスメディアがそれを報道したとします。しかし、その〝反対側〟には、残りのほとんどの人が殺人などしていないという事実があります。その一人の殺人事件も、そのほかの九九九九万九九九九人の人たちが殺人していないことも、いずれも事実です。では、どちらが社会の一般的動向かといえば、これはもちろん後者の方です。どうしてそう言えるでしょうか？　それは、ニュースで報道されないものも事実は事実であるからです。このようにして、マスメディアの「異常なものに注目し大きく報道する」性向が、私たちの判断をゆがめ、ひいては社会のイメージを歪めているという事実に、皆さんは気がついてほしいのです。

私は、悪いニュースに触れたときは、この質問者の考えとは反対の方向に心を向けます。しかし、それは根拠がない無理な考えではなく、警察庁の犯罪統計にもとづいた事実に心を向けることでもあるわけです。そして、犯罪全体の件数だけでなく、凶悪事件の数もどんどん減っているのです。だから私は、日本社会が悪い方向に進んでいるとは必ずしも考えない。しかし、そう思うのは、この質問者だけの責任ではなくて、社会全体が〝悪いもの探し〟に熱心だからです。これはまぁ、社会の悪いクセなのです。悪いクセがずっと続いてなおらない状態を「悪業」と言いますね。その一種だと思います。

マスメディアの報道を考える

Q 世の中には何も悪いことをしていない幼い子供、世のため人のために貢献している人が、ある日突然通り魔に襲われて、命を落としてしまう事件がこのと

ころたくさんあります。これを原因と結果の法則から、どう説明すればよろしいのでしょうか？（前出と同一人）

A

これも本当にそうであるか、疑問があります。私は、確かにそう見える事件があっても、「たくさんある」とは思わないですね。そういうご意見はたぶん、新聞や週刊誌の報道を根拠にされているのだと思います。しかし、報道が事実を正確に伝えているかどうかは、注意して考えた方がいい。例えばある日、突然に交通事故に遭《あ》って死んだ人がいて、その人の周辺を記者が取材したとします。すると、その周りの人々は、「あぁ、この人は人から大変愛されて、善いことをしてきた人です」と答えるかもしれません。死んだ人の知り合いで、そう答える人はたくさんいると思います。なぜなら人間はみな、〝神の子〟で本質的には素晴らしいからです。死ななかった人も素晴らしいし、死んだ人も素晴らしい。しかし、こういう場合、報道されるのは死んだ人だけです。また、「死者を悪く言うのは慎むべきだ」という倫理観が、日本には昔からあります。それを無視して死者の悪口を言った場合、新聞や週刊誌に自分の名前が出て「あの人はムゴイ」と攻められる危険性があります。だから、現象的には悪い面があったとしても、死者に対しては公的には善い面が語られる傾向がある。すると、「善い人が死んだ」ということになり、それだけを注目していれば、「世の中のためになった人たちだけが犠牲になる」というような錯覚が生まれるのです。でも、「善い人」で死んでいない人もたくさんいるじゃないですか（笑い）。しかし、そのことは報道されないのです。

私たち生長の家は「光明思想」であり、「日時計主義」を推進していますから、人生のプラス面とマイナス面のどっちに注目するかといえば、前者です。マイナスの方には注目しないのです。そして、マスメディアや大衆の目から隠されているかもしれないが、日常生活の中に数多くある、当たり前であっても素晴らしい事象や事実に注目する。それらを人から聞いて知るのではなくて、ちゃんと自分の心と目で見つける。皆さんも、それをご自身で確かめてください。マスメディアの言うことを鵜呑《うの》みにするんじゃなくて、自分で人と会って話してみる。自分の足でそこへ行き、自分の目できちんと見るのです。テレビやインターネットの情報で満足するのではなく、自分の手で触れ、舌で味わってください。そうすれば、善い人や善いものは周囲に溢れていることに気がつくはずです。

本当の幸せとは何か

Q　私は最近、本当の幸せとは何かについて考えるようになりました。しかし、自分でも漠然としていてよくわかりません。ただ、お金持ちになるとか、地位や名声を得るというのは本当の幸せではない気がします。本当の幸せとは何かを聞かせてください。（前出と同一人）

A　この質問者には、ここにある『新版 幸福を招く365章』をぜひ買ってください（笑い）、と言いたいです。このテキストのほぼ全体にわたって、「本当の幸せとは何か」について書いてあります（拍手）。ここで私がこの本を全部読むわけにはいきませんが、どのページを開いても、この質問へのヒントが書いてあります。また私は、この方が仰っている「お金持ちになったり地位や名声を得ることは本当の幸せではない」というお考えに全面的に賛成します。

幸福とは、そんなものではありません。私は去年の夏に、自分のブログで幸福論について触れたのですが、幸福を考える際には、二つの方向――主観的と客観的の二つの方向から考えるのが分かりやすいでしょう。第一の方向とは、極論すれば――びっくりしないでくださいね――私たちは「幸福だ」と思えば幸福なんです（拍手）。たとえ交通事故で死にそうになっていたとしても、「あぁ、私の人生は幸せだった」と思えたらその人は幸福である。これは「心の状態」を最大の原因と考える幸福論です。簡単に言えば、「幸福とは、全く主観的なものである」ということです。「自分が幸福だ」と思ったら、客観的にはどんなに不幸と思われる状況にいても、その人は幸福である。戦場の真っただ中にいて、人に殺されようとしている時でも、その人が「あぁ、これでオレは愛する妻の所へ行ける」という幸福感に浸ることができたら、その人は幸福ということになる。これは、私が言っているのではなくて、そういう極端な理論があるということです。

これに対して、幸福とは一定の「客観的な状況」だと考える幸福論もある。個人や家族の状況、経済状態、仕事がどうであるかということ、健康であるか否かなど……を加味して、幸福度が測定できると考える人がいる。その場合、たとえ本人が「自分は不幸だ」と感じていても、その人は「本当は幸福だ」ということになります。

それで、幸福というものについて、私の考えを一言でいえば、「神の子の自覚を得る」ことが一番の幸福だと思います。（拍手）

ここでは「自覚」という言葉が重要です。人から「あなたは神の子ですよ」と言われて、「あぁそうかもしれないなぁ。でも今のオレはこんなひどい状態だし……」などと思っているのでは幸福じゃない。「本当に自分は神の子である」との自覚を得たならば、神はすべての真・善・美の根源でありますから、どうしても幸福を感じずにはいられない。そういう〝神の子の自覚〟を得るための情報やノウハウが、この本には書いてありますから、ぜひ買って読んでいただきたいのです。

（二〇一〇年七月十八日、松本市の長野県松本文化会館）

環境保護は実相顕現の運動

Q 午前中のご講話で、「神様が創造された世界はもともと完全であり、不滅である」と言われました。しかし今、生長の家で推進している環境保護運動の前提となっている考えは、「資源には限りがあり、経済成長も無限に持続しない」というものだと思いますが、これは生長の家の教えと相反するのではないでしょうか。私自身は環境保護運動に賛同しています。しかし、それを進めることは、暗にこの世界は不完全であると認めることになるのではないかと思います。(四十一歳・男性)

A これは、なかなかものをよく考えている方の質問です。ただし、考え過ぎて「実相」と「現象」を混同されているようであります。午前中、私は「実相」と「現象」の話は難しいということを申しましたが、まさにその例題のような質問です。

生長の家では「神が創造された世界は完全である」と言いながら、このまま環境を放っといたらさらにヒドくなるという前提で環境保護をする。それはおかしいじゃないか——そういう質問ですね。

この質問には、基本的なボタンの掛け違いがあります。「実相」はあくまでも完全なのであります。「実相」は完全であるけれども、我々は目に見える不完全な「現象世界」を心によってつくるのです。その世界は、人間の心の表現としての世界です。そこでは、地球環境も自然現象も千変万化します。人間の肉体も、この「現象」において現れているから、心や環境の変化に応じて千変万化する。そういう「現象世界」を、我々は「実相」の完全円満さを表現する場として与えられているのです。(図15)

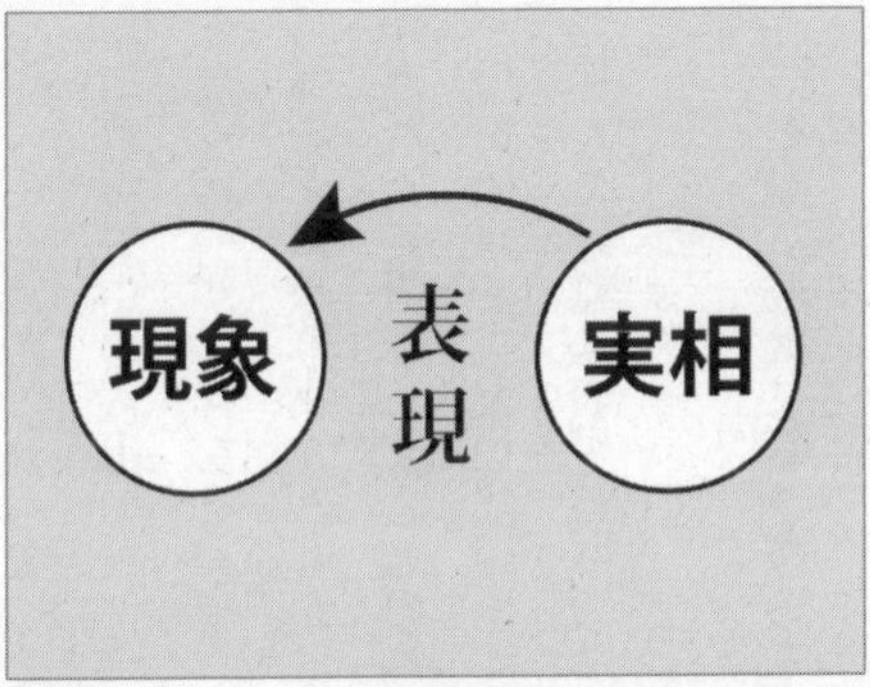

図15

だから、我々の生命の実相は永遠に存続するけれども、肉体というものは永遠には存在しません。これは皆さんがよくご存じのとおりです。我々も小さいころは赤ちゃんで、それより前には、この地上にはいなかったのです。お母さんのお腹の中から出てきたが、その前はいなかった。しかし、そこから成長し、大人となり、やがて年をとって、体は故障を起こすようになってきて、最後には「亡くなる」ことになります。しかし、これは表現の主体者である実相のことではなくて、表現された結果が、舞台の一幕のように一サイクルを終えるということです。

生長の家で「実相は完全だ」というのは、この肉体を通して、それを表現手段として使っている「表現者」のことを言うのです。肉体のことを完全だと言っているのではありません。

これは、喩えて言ってみると、先ほど聖歌隊の発表で音楽の演奏をしていただきましたが、その「楽曲」と「演奏」の関係に似ています。例えば、ベートーベンの「第九」（交響曲第九番ニ短調）という楽曲があります。よく年末に歌われますけれども、この「第九」という楽曲は、もうすでに完成していますでしょう。昔、ベートーベンが作曲したので、変奏曲や何かも種類が多いかもしれない。その楽曲を紙の上に表現したのが楽譜です。世界中の楽器店や、いろいろな所で売っている。これらは皆、完成品です。このように、「第九」という楽曲はすでに完成しているのだから、音楽好きの人はみんな満足しているかと言えば、決して満足していないのです。音楽というものは、演奏されなければ人は満足しない。そこで、楽曲のそれぞれのパートを受け持つ人や楽器が一カ所に集まってきて、すでに完成している「第九」をそこで演奏（表現）することになる。そうするとこの現象世界において初めて「第九」が鳴り響くわけです。分かりますか？　すでに完全な「第九」はあっても、演奏（現象表現）がなければ我々は満足しない。

だから、本来の「第九」がどんなに素晴らしい楽曲であったとしても、現象（表現）としての「第九」には上等なものもあれば下等のものもある。例えば、練習不足の楽団が演奏すれば、ある人が音を外すこともあるわけです。本来の音を出さないで別の音を出すとか、あるいはバイオリンの弦が切れてしまうとか、一部の合唱のテンポがズレてしまうとか、そんなことが表現の過程では起こります。しかし、だからと言って「第九」が完成していることは変わらない。それから、音楽というものは、最初の音符から最後の音符まで、表現するためには時間が必要です。このように、「第九」というものが現象的に現れてくるためには、楽器や演奏家や練習や時間などの、さまざまな手段や過程が必要であります。これが、表現には現象世界が必要だという意味です。

ですから、「神の創造された世界が完全であるなら、環境問題は存在しないはずだ」という設問は、それ自体がおかしいのです。「環境問題がある」というのは、こっち（現象）の話なんです。「現象」において環境問題が発生していて、その原因は分かっているわけです。環境問題とは、人間の心の反映（表現）である現象の一つです。人類が化石燃料を燃やし続けていて、その量が多すぎるという問題です。それは喩えて言うならば、「第九」は完成しているのに、それを演奏しつつある者が間違った音を出し続けているようなものです。だから、それを直しましょう。化石燃料を燃やすのはやめましょうという運動をしている。こっち（実相）には完全なものがあるのだから、その完全な譜面に合わせてこっち（現象）の外れている音を正して、もっと違うライフスタイルやエネルギーの使い方を実行していきましょうというのが、私たちの運動です。質問された方は、この点を少し誤解されていると思います。

我々は、この「実相」においては完全な世界をいただいているけれども、人類が肉体を通してそれを認識し、表現する仕方を誤っているので、それを正しい方向に変えていこうという実相顕現の運動をしているのであります。

（二〇一〇年十二月十九日、熊本県益城町のグランメッセ熊本）

【参考文献】（引用／言及順）

○谷口雅春著『新版 幸福を招く365章』（日本教文社、一九九六年）
○谷口雅宣著『次世代への決断──宗教者が〝脱原発〟を決めた理由』（生長の家、二〇一二年）
○松村明編『大辞林』（三省堂、一九八八年）
○大槻文彦編『新編大言海』（富山房、一九八二年）
○谷口雅春著『新版 幸福生活論』（日本教文社、二〇〇八年）
○谷口雅春著『生命の實相』頭注版第七巻 生活篇（日本教文社、一九六二年）
○谷口雅宣著『日時計主義とは何か？』（生長の家、二〇〇七年）
○谷口雅宣著『太陽はいつも輝いている──私の日時計主義 実験録』（生長の家、二〇〇八年）
○エリザベス・キューブラー・ロス著、鈴木晶訳『死ぬ瞬間』（中公文庫、二〇〇一年）
○エリザベス・キューブラー・ロス著、伊藤ちぐさ訳『死後の真実』（日本教文社、一九九五年）
○谷口雅春著『聖経版 真理の吟唱』（日本教文社、一九七二年）
○カレン・アームストロング著、高尾利数訳『神の歴史──ユダヤ・キリスト・イスラーム教全史』（柏書房、一九九五年）
○生長の家国際本部 国際部監修『肉食と世界平和を考えるI 二〇〇六年・ブラジルにおける世界平和のための生長の家国際教修会の記録』（生長の家、二〇一〇年）

参考文献

○生長の家国際本部 教化・講師部監修『肉食と世界平和を考えるII 平成十八年度（二〇〇六年度）
生長の家教修会の記録』（生長の家、二〇一〇年）
○谷口雅宣著『ちょっと私的に考える』（生長の家、一九九九年）

生長の家ってどんな教え？
問答有用、生長の家講習会

2012年11月22日　初版第1刷発行
2013年 1 月20日　初版第2刷発行

著　者　　谷口 雅宣
発行人　　磯部和男
発行元　　宗教法人「生長の家」
東京都渋谷区神宮前1丁目23番30号
電　話（03）3401-0131　http://www.jp.seicho-no-ie.org/
発売元　株式会社　日本教文社
東京都港区赤坂9丁目6番44号
電　話（03）3401-9111
ＦＡＸ（03）3401-9139
頒布所　財団法人　世界聖典普及協会
東京都港区赤坂9丁目6番33号
電　話（03）3403-1501
ＦＡＸ（03）3403-8439
印　刷　　東港出版印刷
製　本　　牧製本印刷
装　幀　　J-ART

本書の益金の一部は森林の再生を目的とした活動に寄付されます。
本書（本文）は古紙100％の再生紙を使用しています。

落丁・乱丁本はお取替えします。
定価はカバーに表示してあります。

ISBN978-4-531-05910-2